共/享/员/工/系/列

共享员工

组织、领导与变革

胡晓琼 温奕俏 于 华 程 云◎著

企业管理出版社
ENTERPRISE MANAGEMENT PUBLISHING HOUSE

图书在版编目(CIP)数据

共享员工:组织、领导与变革/胡晓琼等著 .--- 北京:企业管理出版社,2021.6
ISBN 978-7-5164-2394-3

Ⅰ.①共… Ⅱ.①胡… Ⅲ.①人力资源管理—研究 Ⅳ.① F243

中国版本图书馆 CIP 数据核字(2021)第 093020 号

书　　名	共享员工:组织、领导与变革
作　　者	胡晓琼　温奕俏　于　华　程　云
责任编辑	尤　颖　黄　爽
书　　号	ISBN 978-7-5164-2394-3
出版发行	企业管理出版社
地　　址	北京市海淀区紫竹院南路 17 号　　邮编:100048
网　　址	http://www.emph.cn
电　　话	编辑部(010)68701638　发行部(010)68701816
电子信箱	emph001@163.com
印　　刷	河北宝昌佳彩印刷有限公司
经　　销	新华书店
规　　格	170 毫米 ×240 毫米　16 开本　17 印张　206 千字
版　　次	2021 年 6 月第 1 版　2021 年 6 月第 1 次印刷
定　　价	68.00 元

版权所有　翻印必究　·　印装有误　负责调换

序
变化迅猛的世界

进入 21 世纪后,科学技术的迭代和更新越来越迅速,人们生活的节奏也越来越快。在互联网时代,生活在变化、环境在变化、工作方式在变化、企业也在变化……信息技术的发展加快了信息传播的速度,高新科学技术在日常工作和生活中的应用越来越普遍,新模式如共享员工、万物互联等逐渐进入我们的工作与生活。

这是一个变化的世界,20 年前,买瓶酱油都需要离开家门前往小卖铺或杂货店,现在只需要打开手机轻松下单,然后等着送货上门;曾经出门远行,父亲总是给很多现金,说穷家富路,但母亲思来想去又不想你带很多现金,怕路上招贼反倒不安全,甚至父母一度会为这点小事情吵架,现在手握一部手机不敢说周游世界,但周游中国应该没问题。

这是一个变化的世界,变化无处不在,原始社会平均每个人一辈子的活动范围不超过出生地周边 30 千米,这还是因为当时人们普遍处在渔猎社会,很大程度上的活动范围是由追逐猎物而产生的;中国封建社会是农业社会,绝大多数人需要依附在不能随便移动的土地上;人类社会进入到工业社会后,因为蒸汽火车、汽车的发明与应用,平均每个人一辈子的活动范围已经达到出生地周边100千米；伴随着民用航天器的发明与应用以及家用小汽车的普及，20世纪末期人类活动的范围被无限延伸，地球变成了一个"村子"，环球一圈由大航海时代的300多天变成不超过3个昼夜；20世纪互联网时代来临，伴随着移动互联网的普及与应用，地理空间已经限制不了人类的脚步了。

这是一个变化迅猛的世界。2010年中国最紧缺的十大职业，在2004年时人们还闻所未闻；2020年中国最紧缺的十大职业，在2010年的高校招生中，基本都是冷门的专业；招聘网站预测的未来十大紧俏职业，有一半与人工智能相关，但现在对于人工智能的职位需求还停留在算法与编程，更遑论2020年年初才开始出现共享员工这个概念。

这是一个变化迅猛的世界。世界一流企业在20世纪基本上都能维持一个时代，但进入21世纪后，世界500强企业榜单前十位每年都在变化；2000年的世界500强企业排名前十，到了2010年有七家换了新面孔；2010年的世界500强企业排名前十，到了2020年又有三家换了新面孔，另外六家的排名也发生了变化；胶卷时代的巨头柯达公司，2012年因为股票跌破1美元/股而申请破产保护；功能机时代的王者诺基亚，2014年被美国微软公司收购。

这是一个变化无处不在的世界。10年前仅存在于科幻电影中的人工智能与智能机器人，如今即便是在一些经济型的酒店里，都能够享受到智能机器人的客房服务；大型卖场、企业总部基本都会用到智能机器人；淘宝网的人工智能店小二，解放了无数商家的客服人员；公众服务领域，企业的客户服务中心、社会服务的呼叫中心、电信机构的中转中心几乎都已经使用人工智能取代人工。

这是一个变化无处不在的世界。几年前去超市购物，最大的痛苦就是付款柜台前排起的长队，动辄付款排队就要等上半小时，现在去超市，自助式扫码埋单即便是一家区域性的社区店都已普及；几年前坐公交车，要么准备零钱，要么购买公交充值卡，现如今用手机扫二维码就可以解决；过去的公交车有售票员、调度员、安全员，现如今一名司机加一个扫码器就可以解决，甚至部分无人驾驶的公交车连司机都不需要；过去每一位大学毕业生最大的梦想就是找到一家有发展前途的公司入职，2020年开始兴起的共享员工，使他们的梦想更容易实现。

这是一个变化迅猛的世界，这是一个变化无处不在的世界，每个人在互联网时代的社会巨变、科技巨变中都不能置身事外。企业外部环境时刻在变化，企业内部管理问题时刻在变化，企业对员工的技能要求也时刻在变化，这个时代唯一不变的就是"变化"。企业变革在剧变的互联网时代将是常态化的内部提升动作，企业变革将带来对组织能力的全新要求，组织能力的变化又给员工个人带来全新的挑战。互联网时代，互联网原生民已踏足职场，并且必将成为职场主力军，新时代、新环境下成长起来的职场主力军对于管理、对于企业的诉求与过去完全不同，凝聚和充分发挥这群互联网原生民的主观能动性，就会对激励机制和领导艺术提出更高的要求。共享员工、人才供应链，这些顺应时代变化而出现的新生事物，显得既陌生又似曾相识。要适应变化的时代，既要与时俱进地改变自己的思想，又要永不停止学习的步伐。

本书既是一线人力资源管理从业者对人力资源管理实践的总结，也是对互联网时代人力资源管理职能变化的思考。受限于作者的知识水平与实践经历，本书还有很多不足或者论述并未深入的部分，欢迎读者朋友们能与作者取得联系并进行交流（邮箱：huxiaoqiong@easywinner.cn）。

谨以本书抛砖引玉，希望能够给企业家朋友、人力资源管理从业者、人力资源管理咨询顾问带去一定程度的启示。

目录·CONTENTS

第一章 变革与人力资源管理 —— 001

开章案例 富士康：智能生产机器人的应用 …… 003

第一节 时代带给企业的挑战 …… 007
一、高科技企业 …… 008
二、传统企业 …… 013
三、现代服务业企业 …… 018

第二节 企业的变革 …… 020
一、所有企业都是互联网企业 …… 020
二、企业的"互联网+"与"+互联网" …… 021
三、企业变革的必要性 …… 023
四、企业变革的类型 …… 024

第三节 人力资源管理与企业变革 …… 029
一、优化组织架构 …… 030
二、优化人才服务 …… 030
三、倡导正能量文化 …… 031

第四节 传统人力资源管理与企业变革 …… 034
一、传统人力资源管理战略 …… 034

二、传统人力资源管理组织 ………………………………… 035
　　三、传统人力资源管理人员 ………………………………… 036

第五节　新人力资源管理与企业变革 ……………………………… 040
　　一、人力资源管理战略 ……………………………………… 041
　　二、人才供应链 ……………………………………………… 043
　　三、激励平台 ………………………………………………… 045
　　四、干部管理与领导力开发 ………………………………… 046

章末案例　海尔集团：共同体的链群生态 ………………………… 050

第二章　干部领导艺术 — 057

开章案例　格力电器：领导者要狠一点 …………………………… 059

第一节　人力资源管理的责任主体 ………………………………… 064
　　一、领导层的责任 …………………………………………… 065
　　二、高层干部的责任 ………………………………………… 066
　　三、中基层干部的责任 ……………………………………… 066
　　四、人力资源管理从业者 …………………………………… 067

第二节　组织能力的核心体现 ……………………………………… 070
　　一、组织核心竞争力 ………………………………………… 070
　　二、企业与人力资源 ………………………………………… 071
　　三、提升组织能力 …………………………………………… 073

第三节　非人力资源管理部门干部的领导力 ……………………… 076
　　一、非人力资源管理部门干部履责层次 …………………… 077
　　二、非人力资源管理部门干部的管理技巧 ………………… 081

第四节　打造干部领导力 …………………………………………… 085
　　一、干部自我修炼 …………………………………………… 087
　　二、干部外部影响力打造 …………………………………… 090

第五节　领导艺术 ·· 095
一、领导艺术的最终结果 ····························· 096
二、领导行为是一门艺术 ····························· 097

章末案例　华为：三权分立的干部管理 ···················· 100

第三章　激励机制建设 ——— 107

开章案例　腾讯：用激励影响员工 ························ 109

第一节　激励的内核 ······································ 114
一、保障性 ··· 116
二、个人发展层面 ··································· 117
三、荣誉和社会成就层面 ····························· 118
四、工作氛围与精神愉悦层面 ························· 119

第二节　主观能动性与绩效表现 ···························· 119
一、主观能动性 ····································· 120
二、绩效表现 ······································· 121
三、主观能动性与绩效表现间的关系 ··················· 122

第三节　变革激励 ·· 124
一、吸引外部人才 ··································· 125
二、激发员工人尽其才 ······························· 126
三、保留现有优秀人才 ······························· 126
四、创造良性竞争环境 ······························· 127

第四节　激励机制的打造 ·································· 129
一、打造激励机制需要注意的问题 ····················· 130
二、激励机制组成部分 ······························· 132
三、激励机制的不同标的 ····························· 134
四、中长期激励机制 ································· 137

章末案例　京东：无法拒绝的激励 ························ 140

第四章 | 约束机制建设 —————————— 149

开章案例 海底捞：高绩效下的高激励 …………… 151

第一节 约束机制的必要性 …………………………… 156
一、激励约束的前提条件 ……………………………… 156
二、激励约束的必要性 ………………………………… 157
三、激励约束机制的方式和评价 ……………………… 157
四、激励约束机制的运作过程 ………………………… 158

第二节 约束机制的有效性 …………………………… 158
一、绩效管理的理念 …………………………………… 159
二、绩效管理的目的 …………………………………… 160
三、绩效管理体系的特点 ……………………………… 162
四、绩效管理体系的组织 ……………………………… 162
五、绩效管理体系的要素 ……………………………… 163

第三节 建立绩效管理约束机制 ……………………… 167
一、绩效计划 …………………………………………… 168
二、目标调整 …………………………………………… 168
三、辅导与反馈 ………………………………………… 169
四、绩效评价 …………………………………………… 170
五、绩效申诉 …………………………………………… 172
六、绩效结果应用 ……………………………………… 172
七、绩效管理体系实施的关键 ………………………… 173

第四节 不要为量化而量化 …………………………… 175
一、并非任何工作都可以量化 ………………………… 176
二、不能量化目标的处理方式 ………………………… 176
三、如何判断非量化绩效目标 ………………………… 180

章末案例 中国平安：绩效管理深入人心 …………… 183

第五章　人才供应链 —— 189

开章案例　碧桂园："成人达企" …… 191

第一节　组织能力左右变革成败 …… 198
　　一、大企业的功败垂成 …… 199
　　二、小企业的短命夭折 …… 201
　　三、组织能力建设决定企业存亡 …… 201

第二节　组织能力具象化 …… 204
　　一、资源 …… 205
　　二、机制与结构 …… 206
　　三、企业家精神与价值观 …… 206

第三节　人才供应是关键 …… 209
　　一、人才"规划"阶段 …… 210
　　二、人才"采购"阶段 …… 211
　　三、人才"制造"阶段 …… 211
　　四、人才"供应"阶段 …… 212
　　五、人才"品控"阶段 …… 213

第四节　人才供应链的打造 …… 215
　　一、人才供应链的必要性 …… 216
　　二、建立动态的人才标准 …… 217
　　三、人才的选拔 …… 218
　　四、人才供应链管理强调差异 …… 218

章末案例　小米集团：打赢人才战 …… 221

第六章　共享员工——未来新趋势 —— 229

开章案例　横店集团：共享员工促复工复产 …… 231

第一节　人力资源部是否还需要 …………………………… 234
　一、人力资源管理遇到的挑战 ………………………… 234
　二、人力资源管理的机遇 ……………………………… 235
　三、人力资源管理的角色定位 ………………………… 236
　四、人力资源部的价值呈现 …………………………… 237
　五、人力资源部是否必要 ……………………………… 237

第二节　信息技术的影响 ………………………………… 238
　一、对雇主品牌宣传和传播的影响 …………………… 239
　二、对人力资源专业工作的影响 ……………………… 239

第三节　大数据的影响 …………………………………… 241
　一、大数据的主要应用 ………………………………… 241
　二、其他领域大数据的应用 …………………………… 242

第四节　共享员工 ………………………………………… 243
　一、溯源 ………………………………………………… 244
　二、发展和形式 ………………………………………… 244
　三、展望 ………………………………………………… 245

章末案例　云南某企业：人力资源部该不该撤 ………… 247

参考文献 ───────────────────────── 254

第一章

变革与人力资源管理

开章案例 | **富士康：智能生产机器人的应用**

1. 公司介绍

富士康1988年开始在中国大陆投资，经历30多年的发展，目前已成为全球最具规模的电子产业科技制造服务商之一，被誉为世界上最大的电子产品代工工厂。富士康2005年开始进入《财富》全球企业500强榜单，2019年跃居第23位。20余年来，富士康科技集团出口额一路走高，如图1-1所示。

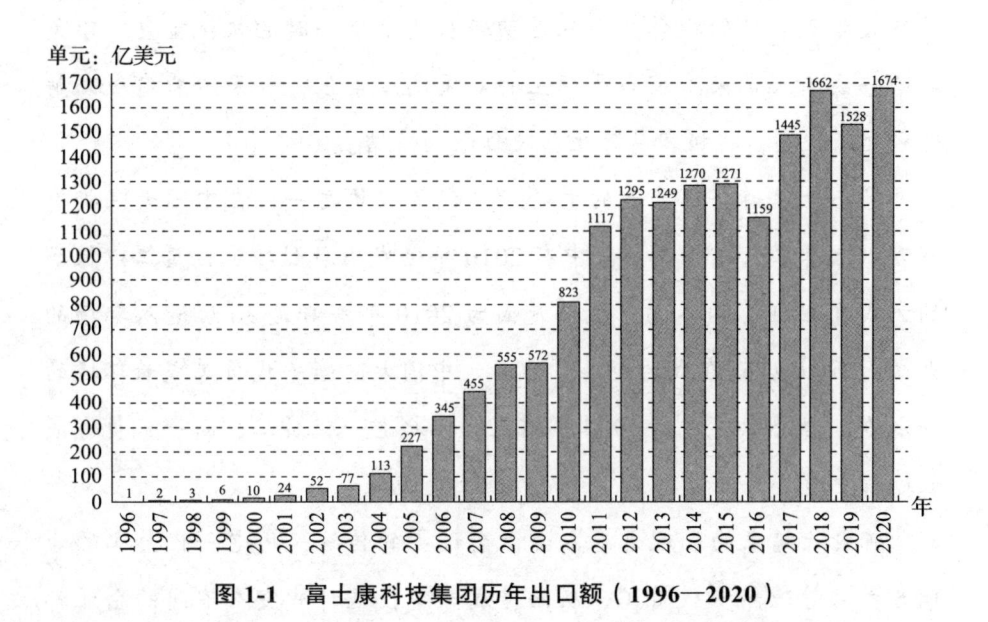

图1-1　富士康科技集团历年出口额（1996—2020）

进入21世纪以来，富士康在中国大陆的布局更趋完善。富士康进入大陆，首先是在深圳市建设制造基地，随着富士康进入苹果等一流企业的代工供应链，富士康对基层人力资源的需求迅速增长，大陆很多城市均邀请富士康进驻，如成都、郑州等，富士康的制造基地吸引了数十万人就业。恰逢中国大陆人口红利自21世纪起开始逐步消失，富士康往大陆城市转移制造基地也能就近吸纳闲散劳动力，是两全其美的选择。

即便富士康在大陆合理布局，但高达数十万以上的员工数量说明富士康的基本属性依旧是世界工厂、劳动密集型产业。进入互联网时代，富士康面临的不仅是技术升级、管理模式变更等问题，人力资源管理优化升级同样迫在眉睫。

2. 变革背景

从某种程度上来说，在富士康的经营管理模式下，一线工人每天进行大量重复性的操作，而且是动辄长达十个小时的机械重复，难免会给一线工人带来心理和生理上的双重高度紧张，如果不能有效疏解这种紧张状态，将极容易产生悲观负面的情绪。

富士康作为全球最大的电子产品代工机构之一，在中国大陆拥有百万以上员工，之所以会集中在2010年爆发出激烈冲突，员工以极端的方式发泄自己的不满，主要是因为2010年恰好是90后进入职场的开端，而80后正在成为企业管理者。中国大陆新一代员工成长环境的分水岭，理论上应该在1985年前后，比起老一代员工，新一代员工成长过程中遭遇的挫折更少，因而心理上更脆弱。

新成长起来的管理者基本会沿袭过去的传统，用老一代员工的管理方式来管理新一代员工，从而造成冲突，这种冲突在不同的企业都会存在，但在富士康表现得尤为激烈。员工过于激烈的行为方式，引起了富士康管理层对自身管理行为、管理方式的反思，并进行了卓有成效的变革与升级。

3. 使用生产自动化机器人

作为全球最大的电子产品代工机构，富士康很早就已经投入到对生产机器人的研制中，尤其是负面事件集中爆发后，用生产机器人取代一线生产工人的诉求更加迫切。就全球态势来看，2010年后，互联网科技和物联网科技的快速发展使中国自动化浪潮一波高过一波，自2013年起中国一直是全球最大的机器人设备市场。富士康的业务形态意味着对生产自动化机器人的需求更为迫切，比起一线工人，生产自动化机器人更加稳定，同时出错率更低。

因此，富士康大批量使用生产自动化机器人，既有科学技术发展的必然性，也有其自身管理的必然性，从经营角度来看，长久使用生产自动化机器人也会使用工成本大幅降低。2017年，富士康计划到2020年实现中国大陆70%的装配线工作由机器人取代，当时富士康的机器人密度是每1万名制造工人配备30个工业机器人，这一数值比2013年整整翻了一倍。

除硬件升级和调整外，富士康还启动了人力资源管理升级的内部变革事项，"关爱员工、人才兴企"等口号被反复提及。2010年6月，富士康耗资百万元导入员工心理健康援助计划（EAP）项目。此外，富士康还做了大量工作，安抚出事员工家属；宣布以优于《劳动合同法》的条款与全员签订劳动合同；为员工提供法定社会保险、自保基金、特困救济金、互助基金、员工慰问补助金等。人才安居与中长期激励等管理方法同样被富士康使用，富士康还进一步为员工提升个人能力和素质提供便利条件，如支持员工接受在职职业教育等。

4. 转型智能制造

2010年以来，富士康在深圳生产基地大规模减员，逐步将生产基地从沿海转向内地，新组建的生产基地使用更多数量的生产自动化机器人。在搬迁过程中实现人员淘汰，例如 WLBG 事业群在 2011 年转至河北廊坊的过程中，员工人数由 2010 年 8 月的约 6 万人减至 1.7 万人，至 2011 年 7 月时 WLBG 事业群在龙华只保留了 1 万人。而深圳 WLBG 事业群在深圳削减的人数并不会在河北廊坊基地如数配置，中间的差员将由机器人取代。郭台铭在 2015 年年度大会上宣布，富士康将于 2020 年实现 30% 自动化；但到 2017 年时，富士康发布的消息则是到 2020 年实现 70% 的生产线由生产自动化机器人取代。这意味着 2015—2017 年间，富士康的自动化进程是超出预期和计划的。同时富士康也开始向大陆地区的其他制造商出售其自主研制的机器人 Foxbot。

全球代工制造竞争日益激烈，富士康除向中国大陆进行转移之外，也积极向海外转移。2010 年年底，富士康在中国大陆总计有员工 92 万人，2011 年突破百万人并接近 130 万人，但到了 2018 年，富士康在中国大陆的员工总数仅剩下 72 万人，而富士康的营收从 2010 年的 55 亿美元增长到 2018 年的 200 多亿美元，也就是说中国大陆员工数量的减少是富士康积极变革带来的成果，而不是业务萎缩带来的必然后果。

在智能制造变革、大量使用生产自动化机器人、主动导入员工心理健康援助计划项目、主动关爱员工的人力资源管理体系变革等措施下，富士康 2011 年以后关于员工层面的负面消息大幅减少，可见积极的变革取得了较好的效果。

5. 结论与启示

在信息技术时代，要充分利用技术给生产、生活带来的便利，对于简单、重复和机械性的工作，人工智能和机械自动化的效率远远大于人工操作，出错率也会相对更低（甚至可以不出错），标准化程度自然也会更高。传统的劳动密集型产业，尝试用机器取代人是一个趋势，也是时代发展的必然，当前的技术环境也为这种趋势提供了技术保障。

人力资源是最稀缺且潜力不可限量的一种资源，无论是劳动密集型的传统企业，还是知识依赖型的新型企业，都需要顺应时代发展趋势，积极主动地进行人力资源管理体系变革。在思想层面和具体实操层面，都要真正尊重员工，尊重人的本性，进而设置对应的人力资源管理政策和体系，为各层级员工的成长与未来提供支撑，对员工的负面情绪和心理负担进行干预，要为员工提供一份能够赚钱养活自己的工作，也要为员工提供一份未来可期的事业，更要为员工提供一份足以获得社会成就感的职业。

（资料来源：作者根据多方资料整理而成）

在互联网时代，跨界、融合、创新与社群等思维对企业的冲击进一步加剧，为应对外部纷繁复杂且变化迅捷的环境，企业主动变革与被动变革交替进行，这些变革或关乎企业的业务形态与市场靶向，或关乎企业组织能力的打造、内部管理的提升，无论何种变革，归根结底需要企业的人来实现。因此，人力资源管理成为企业变革的抓手，也是企业变革能否成功的决定性因素。

第一节　时代带给企业的挑战

互联网在中国的发展仅有二十余年的时间，从 20 世纪末门户网站出现开始，到今天互联网无处不在，随着互联网的普及与高速发展，对民众生活的影响越来越深，对企业影响同样深远。

互联网与购物相结合，催生了电子商务；互联网＋传媒，出现大量的门户网站、自媒体与个人IP等；互联网＋运输服务，出现曹操专车、滴滴出行等企业，革新了传统的交通服务模式；互联网＋医疗服务，出现了丁香医生等服务，对传统医疗带来冲击；互联网＋金融行业，出现了支付宝、微信零钱等第三方支付机构；互联网＋社交，出现了博客、微博、微信等社交服务平台。

一、高科技企业

互联网给各行各业及人们的生活带来了剧烈变化，高科技企业也必须积极寻求转型发展。

2000年，全球最大的15家互联网上市公司市值总和是170亿美元，而按照2017年5月的数据，全球排名前15的互联网上市公司的市值总和则是2.4万亿美元，17年间全球前15大互联网上市企业的市值提升140多倍。在2017年全球前15家互联网企业中，中国的阿里巴巴、腾讯、百度、京东榜上有名。随着"互联网＋"的迅速发展，传统的IT企业与现代的互联网企业必将有所冲突，最终，传统的IT企业要么在对抗中消亡，要么在融合过程中发展成适合现代需要的新型高科技企业。

未来，高科技企业必将面临前有在互联网领域成名已久的龙头企业的拦截，后有众多互联网时代的后起之秀追逼的严峻形势。总体而言，在互联网时代，高科技企业将在商业模式、人才供应链、内部管理三个层面面临巨大挑战，如图1-2所示。

```
            ┌──────────────────┐
            │   业内龙头企业    │
            └────────┬─────────┘
                     ▼
    ┌──────────────────────────────────┐
    │ 互联网时代的企业                   │
    │            ┌────────┐             │
    │            │ 商业模式 │            │
    │            └────────┘             │
    │           ↗         ↘             │
    │   ┌────────┐     ┌────────┐       │
    │   │人才供应链│◄──►│ 内部管理 │     │
    │   └────────┘     └────────┘       │
    └──────────────────┬───────────────┘
                       ▲
            ┌──────────┴───────┐
            │   行业后起之秀    │
            └──────────────────┘
```

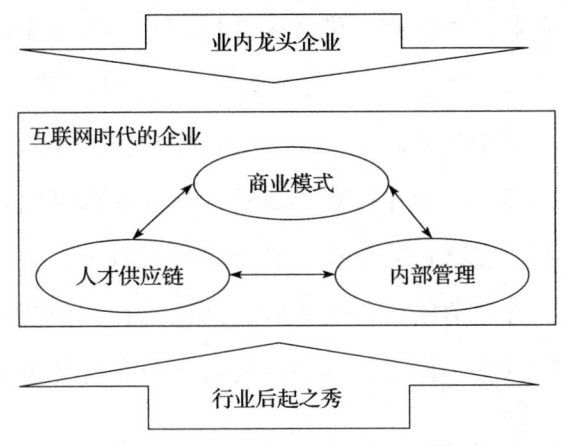

图 1-2　互联网时代高科技企业面临的内外部挑战

1. 商业模式

高科技企业通常存在一定的技术门槛，国家依旧需要对高科技企业进行认定并给予税收优惠政策便是证据。过去高科技企业的行业经验、技术专业性、行业准入规则等，均可以成为高科技企业用来抵御竞争者的第一道防线。随着互联网技术的发展，传统高科技企业的第一道防线逐渐失去效用，高科技企业甚至不太清楚未来的竞争对手来自何方，在颠覆性的商业模式和思维模式面前，传统高科技企业并不是如传说中的那般强大。

最近几年新商业模式层出不穷，过去高科技企业收费的产品，新兴起的企业已经开启免费模式。互联网时代，用户思维是互联网思维的核心，也是高科技企业更新商业模式的核心出发点。很多高科技企业，尤其是拥有互联网基因的企业，通过良好的品牌影响力和掌握的海量用户（粉丝），直接倒逼整个产业链条进行价值重塑和服务变革。

即便高科技企业深刻认识到互联网时代的挑战，想要利用互联网思维进行革新，却依旧会受制于客户需求改变的速度。互联网思维主导下的高科技企业，进行商业模式转变还面临另外一个挑战，即在传统商业模式下经营了许多年，已经积累或者沉积的库存、设备、人员、供应链等问题，对传统的高科技企业提出了挑战。如果没有清晰的战略思考和战略决策，转型往往很难成功。在互联网时代新组建的高科技企业，往往不存在这样的负担，甚至很多高科技企业，尤其是互联网公司习惯先设计出清晰的商业模式，并做出详细的商业计划书，获得投资后才进行创业。比起传统的高科技企业，这类企业已经领先了不少。

2. 人才供应链

优秀的企业都重视人才，尤其是高层次创新人才是企业发展的第一资源。在企业变革过程中，优秀的创新型人才是重要抓手和核心因素。在互联网时代，创新型人才的成长环境与个体诉求已经发生了翻天覆地的变化，传统高科技企业面临着如何解决过去沉淀下来的人员的重新激活问题与新型创新人才的导入问题，即在人才供应链层面面临着互联网时代的挑战。

第一，在校招层面，成功的高科技企业如华为等，往往对于自己看中的高校毕业生采取整班包圆的形式，即将看中的高校专业班级的毕业生全部录用；另一部分具备互联网思维的少数企业会提前半年甚至提前两至三年即开启校招策略，提前预订有意向的人才。从整体大环境看，绝大部分高科技企业面临着人才供应链源头上的不足。更何况高科技企业中的互联网企业和新创企业，不遗余力地在校招中搜寻人才，即便招揽的是应届毕业生，有的企业也愿意开出高于市场价格的薪酬，有的新创企业直接承诺期权等。

第二，对于已有人才，在传统高科技企业中，高科技制造企业与互联网企业属于泾渭分明的两条线，各有各的人才资源池，互不干涉，但在互联网时代，复合型人才、斜杠人才的需求明显增加，因而在人才供应层面，跨越领域抢夺人才的现象时有发生。在已有人才市场，传统高科技企业获取有经验人才存在着不同于以往的挑战。而新创高科技企业，无论属于高科技制造领域还是属于互联网领域，创业者在互联网思维的影响下，通常会直接采用高薪、股权、期权等手段吸引高科技企业中已有的优秀人才。2020年年初兴起的共享员工模式，让互联网时代下的企业在已有人员使用层面又多出一条新渠道。共享员工指不同用工主体间为调节特殊时期阶段性用工紧缺或富余，在尊重员工意愿、多方协商一致且不以营利为目的的前提下，将闲置员工劳动力资源进行跨界共享并调配至具有用工需求缺口的用工主体，实现社会人力资源优化配置、员工供给方降低人力成本、员工需求方解决"用工荒"、待岗员工获得劳动报酬的多方共赢式新型合作用工模式。

第三，大部分优秀的年轻人，尤其是85后、90后的新生代年轻人投入火热的创业热潮，一方面让高科技企业迎来基数庞大、船小好掉头的竞争者，另一方面使高科技企业的人才供应链进一步紧张。当下应该是最好的创业时代，"互联网+"给各种传统行业都带来了较多的创业机会，同时随着共享经济、众包、众筹等概念的深入人心，对应的产业链条和商业模式进一步完善，年轻人创业越来越简单，创业成功率也在稳步提升，使高科技企业人才供应链层面的挑战更加严峻。

第四，传统高科技企业面临着"互联网+"或者"+互联网"的挑战，在互联网思维的指导下，它们可能会去其他高科技企业通过定向挖角的形式解决人才供应链紧张的问题，但是，一是挖角需要付出较高的代价，才能获取必需的人才；二是外部挖进来的互联网人才期望值较高，他们服务过的平台拥有较为成熟的互联网思维模式下的组织架构，如扁平化的管理层级、开放性的思维讨论机制等，被高科技企业挖角后需要对等的平台和文化氛围支撑，而想要进行变革的传统高科技企业并不具备这种文化或者理念，导致外来的人才难以留任；三是信息过于透明，创业成本降低，导致传统高科技企业自身内部的优秀人才难以留下，进一步加剧了人才供应链的严峻态势。

在互联网时代，传统高科技企业遇到的人才供应链层面的挑战是综合且多层次的，高层次创新型的人才尤其短缺。导致这一挑战出现的原因，在于变革的诉求、外部环境的诱惑以及传统高科技企业内在的文化与氛围难以契合互联网时代高科技企业人才对组织环境的要求与期望。

3. 内部管理

传统高科技企业在互联网时代遭遇的第三个层面的挑战，则是来自内部管理层面的问题。由于对人才素质、业务创新的要求，高科技企业对于内部的管理相对而言要求较高。但是随着90后成为职场生力军以及新世纪人才逐渐进入职场，高科技企业的内部管理越来越面临较大的挑战。任何一个时代的人才，由于受成长环境和成长阶段的社会普适价值观影响，往往会形成一代人的群体特点。

从90后这一代人开始，他们的个体成长与互联网的发展就相伴相生，90后这一代人的思维和行为方式已经烙上了互联网时代的印记。互联网有一个特性是去中心化，比如近年来自媒体和网红的兴起，就是一种去权威化、去中心化的具体表现，而带给传统高科技企业的挑战在于组织层面的去金字塔结构，体现在管理行为层面就是要调整强调服从、自上而下的权威指令式管理方式。然而一部分高科技企业在组织架构扁平化的过程中，由于传统的管理模式没有调整，导致组织越扁平，高层的精力被牵制越多，组织层级较多不易于信息传递，反而会降低管理效率和增加管理成本。可见缺乏流程控制与管理的扁平化组织，带来的威胁同样不小。

伴随互联网的发展成长起来的一代人，在职场中更加强调参与感、成就感，但传统高科技企业的组织架构、决策流程依旧是金字塔式的，组织会赋予干部、领导者决策权与权威性来应对内部管理上的挑战，意味着传统高科技企业要改变过去的管理模式，下放决策权。在互联网时代，高科技企业必须确保企业利益与员工利益更紧密地捆绑，形成有效利益共同体，让员工能享受到企业增值带来的价值分配，更好地激发高科技企业创新型员工。近年来，很多高科技企业不遗余力地进行管理体系变革，采取灵活的薪酬体系和多元化的激励手段，设计员工的全职业生命周期的职业通道，主动关心员工的工作、生活与思想动态，不断加强企业内部的文化建设和组织氛围营造，不少高科技企业甚至选择邀请第三方管理咨询机构帮助自身进行组织变革与管理体系的搭建，就是为了应对互联网时代对于高科技企业内部管理的挑战。

在互联网思维和信息科技高速发展的冲击下，高科技企业面临的挑战是复杂和多元的，从宏观的战略选择到微观的管理策略，随时随地都会面临风险，甚至在确定战略方向的时候，都无法预料搅局者到底来自何方。但不管何种挑战，最终都需要高科技企业的人员来应对，因而在人力资源管理领域，高科技企业需要充分理解互联网思维影响下的人力资源特征，进行有选择的策略安排。

二、传统企业

对于传统企业而言，互联网时代是一个极其不友好的时代，在这种信息快速传递、科学技术日新月异、物联网让所有事物无处不在的时代，传统企业就如同砧板上的鱼肉一般任人宰割，永远不知道谁会进入到这个行业，如同雄狮猛虎一般地肆意吞食市场，传统企业待之如珍宝的盈利点却被不知道从何处而来的搅局者直接免费提供给用户。如在电子商务的冲击下，过去一铺养三代的零售市场行业，如今纷纷转入电商平台。特别是在2020年受到新冠肺炎疫情影响的时间段，零售市场几乎完全被电子商务所取代。

自从"互联网＋"开始兴起，传统企业自认为没有互联网基因，因而在应对"互联网＋"的风潮或者是"＋互联网"的春风时，都不由自主地陷入焦虑中，尤其是一系列传统行业被互联网浪潮冲击得体无完肤时，大量传统企业不由自主地对原本属于它们的市场和领域感到陌生和恐慌，于是有些传统企业不顾一切地开始在自己的产品与服务中硬性地加入互联网因素，也就是目前所谓的"＋互联网"。互联网时代的本质绝不是所谓的应用或者互联网技术在产品上的延伸，互联网是一个开放且没有中心的融合性平台，在互联网思维影响下成长起来的90后、00后，逐渐成为市场消费和职场的主力军，他们更加追求民主，强调参与感且对平等权利有强烈的诉求，这类普适价值观构成了互联网思维的深层次内核。传统企业应对互联网时代的挑战，不得不考虑并深思互联网的起源和互联网精神。

传统企业的商业架构是了解需求，然后利用组织内部的生产资料生产产品或者提供服务来满足消费者需求，但在互联网时代，这种需求不仅掌握在传统企业手中，而且经由互联网的传播变成公开的需求，除企业之外，很多人都可以获知这种需求，有可能一个刚出社会的应届毕业生手头刚好就有这种产品或者可以提供这种服务，从而中途截获传统企业的订单。

伴随互联网的发展成长起来的一代人，更喜欢广泛借助信息发布平台将自己的需求发布出去，以"张榜招亲"的形式寻找更广泛的群体来满足和实现自己的需求。更多人愿意通过众包、众筹等形式来达成群体性需求。新生代的消费主力军和职场中坚力量并不满足于传统企业封闭且被高度控制的活动，而是追求一种开放、参与度极高的公开活动，哪怕是产品的生产或者是服务的提供，互联网精神在此过程中逐渐形成。

传统企业受到互联网的冲击并不是现在才开始的，而是伴随着互联网的高速发展持续受到影响，只不过2020年的新冠肺炎疫情使传统企业面临的挑战快速放大并且集中爆发。传统企业在互联网时代面临的挑战很多，主要体现在与互联网技术的融合、阻止非行业企业进入市场、自我提升和合作互助四个层面。

1. 与互联网技术的融合

传统企业面临的第一个挑战，必然是互联网技术的挑战。原本行业中的一些边缘性的需求并不是传统企业的业务核心，因此被忽略了，但互联网技术发展日新月异，通过应用互联网技术，原来那些边缘性的需求可以轻而易举地被收集到并被满足，若传统企业不积极主动地拥抱互联网技术、应用互联网技术，则随时随地都可能有外来者通过满足边缘性需求切入行业，进而蚕食市场甚至占领行业的主要位置。

互联网金融早期也只是解决一些资金在第三方支付那里无法获取存款利息这样的一种边缘性需求，进而衍生出余额宝、零钱通等类似的货币金融产品，接着又出现了各种网络基金、短期贷款、小额贷款等，到最终发展出股权众筹等。这些业务暂时只是金融行业的一些边缘性的、不太重要的业务，但随着互联网金融的进一步发展和国家电子货币的发行，谁又能肯定互联网金融将来不会颠覆传统的金融行业呢？

传统企业面对互联网技术的挑战，首先需要做出的改变就是要全面接触互联网、拥抱互联网，不管是传统的制造业还是传统的服务业，在各个业务环节不能排斥互联网技术，而应该积极主动地引入互联网技术，充分享受新技术带来的便利，进而融入互联网大环境。

2. 阻止非行业企业进入市场

一般传统企业的市场定位都是满足客户的主要需求，而在互联网时代，越来越多的互联网创业者瞄准传统企业与用户之间的边缘地带，从满足用户的非主要需求入手切入行业，因而更贴近用户。对于传统企业而言，如何阻止这些非行业企业"搅局"是一个极其严峻的挑战。例如，日本曾经的世界500强企业柯达公司，曾拥有影像材料——胶卷全球市场2/3的份额，却在数码相机的浪潮下退下神坛；还有传媒行业的美国《读者文摘》，曾经风行60多个国家，在全球拥有1.3亿读者，最终却在互联网内容供应商和新媒体的冲击下于2009年8月申请破产保护。

新兴互联网企业表现得也许并没有咄咄逼人，然而当传统企业赖以生存的利润来源被后来者免费提供给用户，而通过用户带来的流量去赚取其他层面的利润时，传统企业的应对非常无力。传统企业对于当下互联网企业的思维方式及由此产生的商业模式非常陌生，面对互联网企业的"逼迫"，如何阻止非行业企业进入也是传统企业面临的一个很严峻的挑战。

3. 自我提升

传统企业面临的第三个挑战便是自我提升。当前社会的中坚力量是伴随着互联网发展而成长起来的 80 后、90 后，他们的群体特征是追求自我价值实现、开放包容以及蔑视权威。仔细研究目前所谓的互联网一线企业，便能清晰地发现这些企业所采用的商业模式基本上都是开放型的平台模式，如淘宝、天猫、携程等。平台型企业属于轻资产企业，最核心的特点是善于整合资源，因而更便于快速扩张，而且扩张的关键是借力而不是依赖自身的积累，这些恰恰是传统企业所欠缺的。互联网技术日新月异的发展，更是给平台型的企业提供了快速成长的翅膀，而且平台型企业基于资源整合的商业模式，对于伴随互联网发展成长起来的 80 后、90 后等当前社会的中坚力量具有先天的吸引力。传统企业面对优势明显的互联网企业，不得不积极进行自我提升。

传统企业要自我提升，首当其冲的就是观念上的转型。除转变观念外，思维模式、营销模式、管理模式等方面同样需要提升。相对而言，传统企业应对自我提升层面的挑战，难度要远大于拥有互联网基因的企业，原因是多方面的，但并不能因为自我提升的难度大而不去做自我提升。传统企业拥有成熟的商业模式，也背负着沉重的历史包袱，远没有拥有互联网基因的企业那般灵活易变、可塑性强。对于传统企业而言，进行自我提升所付出的代价肯定要比拥有互联网基因的企业和高科技企业多，但传统企业的自我提升是互联网浪潮下的大势所趋，必须坚持不懈地实施。

4. 合作互助

拥有互联网思维的新企业从传统企业专注领域的边缘地带切入，在边缘业务上站住脚后，会非常迅速地扑向传统企业的核心业务，从而在行业内造成一种后来居上的现象。很多拥有互联网基因的企业在进入传统企业的领地时，采取的是业务互补的形式，然而一旦站稳脚跟，依赖于自身拥有的互联网基因，对世界变化的精准把握以及新的组织架构、管理模式、商业模式带来的更加灵活的市场变化联动机制，会迅速形成替代传统企业的目标，与传统企业在其原来的主要业务领域展开正面竞争。如果传统企业不想被动挨打，就必然要面对合作互助层面的挑战。

不可否认，传统企业在某一领域精耕细作多年，在行业领域内必然具备较大程度的优势。当含有互联网基因的企业进入行业后，传统企业应该优先将后来者锁定在互助领域，通过收购或者兼并的形式，在后来者尚小时将其融合，或者积极主动地向带有互联网基因的企业伸出橄榄枝，共同深挖领域内的市场潜力。

三、现代服务业企业

现代服务业是一个广泛的领域，包括金融服务业、IT服务、信息服务、咨询服务、教育服务等众多行业，本书中的现代服务业主要指为客户提供服务而不是有形产品的行业。由于其自身盈利模式的特殊性，现代服务业企业往往首先面临着"+互联网"还是"互联网+"的挑战，其次是资源整合的挑战，最后才是互联网思维方面的挑战。

1."+互联网"与"互联网+"

单从字面意思解释，"+互联网"是现代服务业企业将互联网作为一种全新的技术和产品服务的载体，而不改变过去的经营理念和商业模式。"互联网+"则是一种从内到外的调整，一般是由互联网企业或带有互联网基因的现代服务业企业提供，虽然与"+互联网"仅是一个加号前后位置的区别，但"互联网+"更多地强调依托互联网理念、技术和互联网开放平台，构建一个全新的为用户提供产品或服务的商业模式，这与过去脱离互联网的产品与服务相比，是一种质的变化。

互联网企业从20世纪90年代末开始在中国落地生根，短短20余年的发展，无论是过去的高科技企业，还是传统企业，都有潜在的触网诉求，或者采取"＋互联网"的方式提升效率、降低成本，或者借助"互联网＋"进行从内到外的变革。尤其是现代服务业企业，更需要平台化、贴近用户需求、符合互联网时代的特征，这无疑是一种直击现代服务企业灵魂的挑战。

2. 资源整合

传统企业的商业模式以线下销售为主，积累下来的稳定渠道、客户资源以及供应链管理能力等要素共同塑造了企业自身成熟的经营模式。但互联网战略强调利用平台资源，因而企业实施互联网战略后需要在保证当前渠道、客户利益的前提下，结合行业现状以及发展趋势，重新部署企业发展版图，重新规划商业模式，制定行之有效的运营策略，包括价格、服务、速度和体验等因素在内。转型做线上业务，同时又减少对线下渠道的冲击，是一个两难的问题，企业实施互联网战略的目标是实现线上线下互补，放大产品销售的网络效应，增加整体销售量和客户满意度，开辟行业竞争蓝海，打造新的战略支柱。

3. 互联网思维

对于现代服务业企业而言，还需要应对员工互联网思维的挑战。互联网思维并不是传统的服务或产品简单地增加互联网销售渠道，与之对应的商业模式、盈利手段都会发生变化，如果依旧用传统思维经营现代服务业，必然会导致客户满意度降低。2020年年初开始发展的共享员工模式就是典型的员工互联网思维的产物，由此产生了特殊时期资源互补的社会价值。

在互联网时代，面对市场高透明度、信息超速度传播，现代服务业企业的员工需要快速接受信息传播带来的客户需求快速变化，而且因为有更多互联网工具可供选择，现代服务业的客户对于服务也有了多元化的选择与要求，因而现代服务业企业员工的思维也需要顺应互联网时代的要求与变化。

互联网时代带来的思维变革趋势不可阻挡，企业面对以上问题和挑战，应该清楚地认识到未来企业的发展离不开互联网，互联网时代为企业带来了冲击与挑战，同时也蕴含着企业快速发展的机会，企业应该主动面对和拥抱互联网时代带来的挑战。

第二节　企业的变革

在互联网时代和互联网思维的挑战下，企业要通过互联网技术赋能传统产业，在短期内实现转型与变革，需要企业家在思维和认知上进行一场革命。对企业而言，要适应数字化的发展与互联网思维，还要进行组织变革来匹配互联网或数字化的趋势。不进行主动的变革，想要获取互联网时代的竞争优势，无异于痴人说梦。

一、所有企业都是互联网企业

互联网思维是时代的产物，也是生产力决定生产关系，生产关系适应生产力这种历史发展规则下的必然产物。尤其是近几年来，大部分案例都表明，在万物互联的时代，所有企业都是互联网企业，再也没有例外。

在互联网时代，"以厂商为中心"的工业经济将被"以消费者为中心"的信息经济所取代，所有传统商业或者完成转型升级，进化为一种全新的商业物种；或者直接被淘汰，淹没在历史发展的洪流中。换句话说，并不是互联网时代颠覆传统企业，也不是传统企业与互联网浪潮下的新兴企业进行对抗，而是时代发展的必然趋势导致新商业对旧商业的淘汰。未来商业的发展不会有互联网企业与传统企业之分，所有的企业都会变成互联网企业。无论哪个行业，都会受到互联网思维的影响，包括技术层面和思维层面。传统企业所要思考的不是与互联网企业竞争市场，而是如何利用互联网进行转型。

互联网时代信息畅通无阻，过去依靠市场信息不对称和价格垄断获利的企业已经没有生存空间，企业与消费者越来越多的诉求需要用与工业时代不同的路径来解决，包括企业的营销理念、业务流程和内部管理体系都要依靠互联网思维进行变革和转变。

二、企业的"互联网+"与"+互联网"

在早期市场经济浪潮下发展起来的传统企业，在互联网时代来临后，依旧感觉良好，并且继续凭感觉和经验经营自己的企业，即便意识到互联网浪潮对于企业的挑战，也只是在过去的经营模式上增加了互联网因素。

一些真正融入互联网时代的企业，在互联网浪潮下结合互联网基因，调整企业的运营模式并最大化地利用互联网工具，从而获得了良好的发展，甚至一些传统企业不惜耗费巨大的成本聘请第三方管理咨询机构为其提供互联网时代进行变革所需的支持和服务，即传统企业的"互联网＋"变革。这种变革往往会带来翻天覆地的变化，包括但不限于高效连接全价值链，塑造核心竞争力；充分利用社会资源如共享员工，企业边界日益模糊；基于互联网元素，聚焦核心业务价值等。

为了避免单纯进行"＋互联网"，而不是真正转型成为基于互联网的新型企业，传统企业在审视自身的互联网变革时，可以从以下四个层面进行判断。

1. 思维方面

传统企业需要审视自身是否已经进行思维转换，互联网思维的核心关键词一般包括迭代思维、流量思维、整合思维；产品思维、尖叫点思维、痛点思维；粉丝思维、爆点思维；标签思维、简约思维等。

2. 机制方面

传统企业需要审视自身运营体系是否专业化和精细化，有没有新的互联网运营团队或者核心人才加盟并且留任，是否需要借助第三方的力量来导入互联网运营服务团队；业务审批流程是否已经优化并固化到系统中，是否还存在因审批流程过长而使响应速度放缓的问题；自身是否具备足够的实力来调整和优化自身的管理机制等。

3. 模式方面

基于互联网转型升级，传统企业要勇于大胆创新，比如打造O2O运营模式：社交引流，"达人"推荐；线上导流，线下消费；线下缺货，线上购买；线下成交，线上支付；统一物流，统一库存；品牌营销、全渠道互动；会员利益、优惠共享等，从各种可能的层面提升产品销量。

4. 平台方面

传统企业进行互联网转型升级必须有相应的平台支持，比如基于组织的办公系统和执行系统，基于客户的销售系统和互动系统，基于商城的连接系统和推广系统。最常用的有打造企业高端互联网品牌形象的网站、企业产品或服务营销的电商平台、企业与粉丝零距离互动的平台、企业更高效率完成工作的管理平台、创造企业营销新机会的APP应用、企业日常营销互动的微信营销平台等。

三、企业变革的必要性

在互联网时代，新老企业家们几乎达成一个共识：面对互联网浪潮的冲击，传统企业主动变革并不一定能够存活下去，但是不主动变革往往就是等死。

企业进行自我变革是痛苦的，要求企业家从过去的成功中走出来，以空杯的心态投入企业的二次创业。企业的自我变革需要环境、需要空间，有很多不理解的企业内部成员有时会认为企业自发的变革行为是一种瞎折腾，但改革实际上也是企业自我松绑、自我解放的过程。无论是企业的自发变革还是导入第三方机构保驾护航的变革，往往都伴随着企业内部利益的重新分配，总会打破一些既得利益者的舒适区，从而产生比较大的阻力。

在互联网浪潮的冲击下，企业需要珍惜每一次自我变革的机会，主动尝试和探索新的商业模式，深刻把握互联网时代的鲜明特征，使企业组织形态与互联网时代合拍，让企业转型的同时带动企业员工转型。在互联网时代的挑战面前，没有适应互联网要求的商业模式和组织运营模式的变革，企业能够在激烈的市场竞争中继续存活下去的概率非常小。

四、企业变革的类型

在移动互联网时代，传统企业与互联网相结合是大势所趋，"互联网+"成为传统企业在新形势下转型与变革的新途径。传统企业为应对互联网时代的挑战进行内部变革，主要是针对产品转型，继而向配套的战略发展方向转型；匹配战略转型的组织形式转型，匹配组织形式的人力资源供应链转型变革，以及新人力资源供应链下的激励约束机制变革等，当然也会涉及营销组织和盈利方式的变革转型、产品供应链系统的变革转型、流程管理变革以及其他内部管理能力的转型变革。

依据哈佛大学迈克尔·波特教授的价值链理论，互联网思维下企业变革的类型通常包括以下六类。

1. 商业模式变革

在互联网时代，企业敏感地发现外部环境发生了变化，甚至人类生存的方式都在发生变化，于是就企业本身的盈利模式进行思考，进而考量自身的服务和产品调整，这类变革被称为商业模式变革。

一般而言，商业模式是商业策略的组成部分，商业模式变革可以定义为专项的企业变革，也可以作为企业战略变革的一个部分，同时商业模式变革又是企业组织结构变革（包括机构设置、工作流程和人力资源等）及系统变革（包括IT架构和生产线等）的输入条件。第三方管理机构对于商业模式变革的定义单指在企业发展战略层面对商业逻辑的定义。

2. 战略变革

在互联网时代，传统企业根据外部市场变化，主动通过内外部环境分析等一系列战略梳理工具，明确自身的核心业务、种子业务和未来业务，并且为不同阶段的业务匹配组织资源、中长期规划目标和战略关键突破点等，这些行为一般被称为企业自身驱动下的战略变革。

在这一变革过程中，企业的决策层根据内外部商业环境变化、政策环境变化、政府扶持的力度、消费者的需求变化等因素，梳理自身的产品和服务，并且寻找未来的产品和服务方向，围绕这个新的方向去规划组织能力和细分目标，能够使企业的变革得到企业内部上下的一致认同，从而增加战略变革的成功率，这也是企业内部变革的标志性动作。

3. 营销变革

互联网浪潮下，企业的产品和服务发生变化，对应的销售形式也会发生变化，有时候甚至产品和服务并没有发生变化，但由于互联网工具的加入导致企业的销售方式跟不上时代的发展，也会催生企业营销变革的发生。

企业的营销策略有 B2G、B2B、B2C 等，不同的业务策略对应的营销渠道各不相同，不同的营销选择对应的营销打法各不相同。如 B2G、B2B 适合采用直销手段，相应采用华为营销铁三角的大客户销售打法，但 B2C 等则可以直销与渠道结合，而营销打法则以渠道管理为重要抓手。

4. 采购变革

互联网时代，人们工作与生活中的信息透明度比较高，而在此背景下，采购量较大的企业往往会通过集中采购变革扩大采购规模，从而获得与供应商之间进行价格谈判的优势。

也有部分采购规模并不大的企业，将原材料采购调整为外包，由外包代理商进行运作处理，确保企业自身的原材料采购成本可控。当然采购变革并非完全在以量换价的层面，一些企业借助互联网手段搭建采购信息系统，做好价格波动预警、提前备料、定期清理原材料库存工作，也能够提高资金运转效率。

5. 供应链变革

互联网浪潮下推动供应链深度整合，新兴企业都只想占领微笑曲线两端的高利润区域，使传统企业在供应链层面承受较大压力，于是纷纷进行供应链变革。有的企业对内部的制造环节进行精益生产改造，或者上线ERP等系统，提升供应链制造端的效率；有的企业上下拉通供应链的前后端，将企业精力集中在前端销售、中前端研发以及后端的售后服务上，将制造端彻底外包出去。

产品和服务是企业的命脉，产品的生产需要供应链支撑。在互联网浪潮中进行企业变革，供应链变革是非常重要的一环。

6. 人力资源管理变革

企业的任何一种变革，归根结底还是要落实到岗位以及在岗位上履职的人力资源来实施和推动，因而人力资源变革是企业变革中或早或晚始终都不可缺少的一环。实践中互联网浪潮对企业员工的思维、意识、行为模式已经提出要求，人力资源管理体系若不与之联动变革，则难以适应互联网时代的要求。

人力资源管理的变革往往包括集团管控、组织架构优化、岗位设置、职位管理体系建设、任职资格标准建设、干部领导力、招聘体系建设、培训体系建设、绩效考核体系建设、激励体系建设、企业文化体系建设等，甚至有因为专项变革而进行的人力资源体系变革、干部管理体系建设，以及中长期激励方案、股权激励方案等。人力资源管理变革在第三方咨询机构中，也是产品最全、实施项目案例最多的一类变革。

企业变革是一项持续的工作，从成立到持续发展，企业都应该定期对自身的管理体系进行评估审视，找出问题并且寻找解决方案，进而确立里程碑式的管理变革升级目标。唯有如此，才能够在互联网浪潮冲击下从容应对挑战。

■ 小节案例 | 国美电器：传统零售触网

国美电器控股有限公司（以下简称国美电器）成立于1987年，是中国有名的家用电器及消费电子产品连锁零售商。

在电器零售企业中，国美电器无疑是触网最早的企业之一。2003年，国美电器就已经开通了网络商城；2005年11月，国美电器总计注册了将近60个互联网CN域名，让销售电器的网上商城遍布中国的每一个城市；2012年年底，国美电器完成国美网上商城和库巴网的后台整合，更名为"国美在线"。

在传统零售业受到电子商务的冲击时，国美电器敏锐地察觉到未来消费习惯在新技术推动下的变化趋势，并积极主动触网，实施企业变革，最终成为传统零售商走向电子商务的佼佼者。其举措主要包括以下四个方面。

第一，控制触网变革的成本。国美电器内部主动变革，拥抱电子商务时代，并没有额外付出成本，而是在触网过程中将网站建设等相关技术板块的任务进行外包，避免组建专门的电子商务底层技术团队，使国美电器触网变革成本压力较小，所承担的风险也相对处在一个较低的水平。

第二，通过变革采购模式发挥成本优势。实施主动触网变革后，国美在线针对传统采购模式的弊端，果断推出招标采购模式，使国美在线产品价格优势被进一步放大，具备比传统零售模式更强的成本优势。

第三，借助第三方咨询机构深化供应体系变革。为提高自身线上3C家电供应链的快速反应体系，为主动触网变革追求更大的战果，国美与咨询机构合作，依靠咨询机构提供的全球领先的B2C技术为国美商城设计业务和供应链流程重组的全面解决方案，进一步强化国美在线的供应效率和反应速度。

第四，借助线下品牌优势支持电子商务发展。国美电器传统零售业务在全国各地布设了很多大型卖场，触网后国美借助线下的门店与品牌优势，大力支持电子商务发展，基本实现电子商务产品本地化物流配送。

电子商务的发展已经给传统零售业带来了翻天覆地的变化，淘宝的出现与发展改变了很多消费者的消费习惯，包括大中型电器消费者也更青睐于使用网络电商渠道而不是线下门店渠道。国美电器率先实施内部变革，主动在互联网时代触网，正是传统零售业积极主动求变的成功案例。传统企业唯有紧紧拥抱时代、主动变革，才能走出一条全新的路。

（资料来源：作者根据多方资料整理而成）

第三节　人力资源管理与企业变革

企业的发展离不开人力资源管理，有些比较激进的企业家甚至提出企业管理无非就是两件事情，一是人进人出，二是钱进钱出，后者还得依托在前者的基础上。绝大部分企业家对于人力资源管理的重视程度不够，在企业正常运转的时候，不会分配足够的精力、资金和人力加强企业的人力资源管理，往往到了业务快速增长或者企业经营遇到困难时，才想起人力资源管理的重要性。

无论企业实施何种企业管理变革和企业发展战略，最终都离不开人力资源管理的支撑，如图 1-3 所示。虽然互联网时代一直在强调智能制造、人工智能，但智能制造和人工智能终究只能满足一些传统的重复性职能对人力资源的需求，而真正需要发挥人力资源深层次价值的岗位，智能制造和人工智能目前还不能胜任。

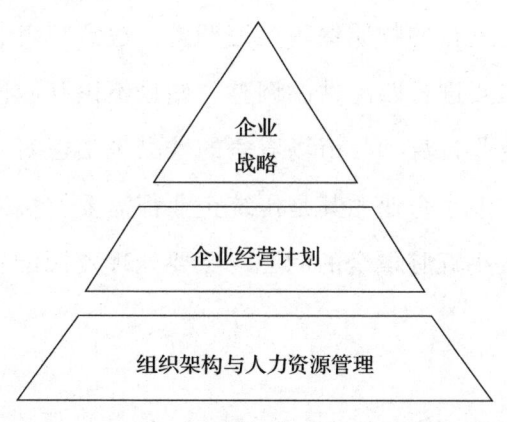

图 1-3　企业人力资源管理对企业的战略支撑

在互联网时代，人力资源管理对于企业变革的支撑作用，体现在以下三个方面。

一、优化组织架构

组织架构是企业正常运营的载体，是实施企业发展战略的物质基础。除了少数大型企业设置专门的组织发展部之外，一般组织管理的职能都会被划拨到人力资源管理职能中。随着互联网时代的来临，企业内部的前、中、后台边界已经日渐模糊，企业战略目标的实现也更多依赖于全员贴近市场和全员贴近客户，因而传统的组织架构模式受到了强烈的冲击和挑战。

近年来，不少企业强调组织扁平化，既是基于新生代职场人员的管理需求，也是互联网时代外部市场环境对企业组织提出的要求。不仅如此，企业人力资源管理部门自身也在逐渐调整组织架构，以更好地服务企业发展战略，如由最初的直线职能制向矩阵式转变，再由矩阵式向三支柱的人力资源组织形式转变等。良好的组织架构是企业正常运转和提高经济效益的支撑和载体，组织架构的优化重建是基于发展战略的改变而进行的物质保障渠道调整，也意味着企业内部的授权分权、分工协作要进行匹配性的调整。姑且不论互联网时代带给企业的战略调整，企业自身参与市场竞争的残酷现实也对企业的组织架构改革提出诉求。中小企业尤其是传统企业都需要解决组织架构长期以来存在的麻雀虽小五脏俱全的问题，更要处理资源配置效率低、管理粗放的问题。

二、优化人才服务

传统的人事管理以事为中心，重事轻人，但在互联网时代，企业最具价值的资源就是真正具备企业战略活动支撑能力的人才。现代人力资源管理对企业战略的支撑体现在优化人才服务、推进人力资源管理在企业内部发展等方面。

绝大多数企业都在提以人为本的理念，但以人文促人力的认识和观念却并没有在广大企业家队伍中形成共识。很多企业在应对互联网时代企业发展战略变革时，致力于打造规范性、系统性的规章制度等刚性管理框架，并没有足够重视创新人力资源管理服务等柔性管理，导致越先进的制度管理框架却带来越多的高素质人力资源流失，反倒是最后留下来的往往是不具备核心竞争力的一般性人才。所谓优化人才服务，意味着将人的情感、精神需求也视为企业内部的一种资源，作为企业生产力的构成部分。在进行人力资源管理的过程中必须多一点沟通、多一点理解、多一点关爱，让企业文化氛围也成为发挥人力资源潜能的重要影响因素。

三、倡导正能量文化

众所周知，负能量在相对封闭的组织内部传播的速度要远大于正能量，而在互联网浪潮冲击下的企业，组织在变革阶段往往处在一种相对敏感的待激发状态，最需要正能量。

在此背景下，人力资源管理对企业发展战略的支撑主要体现在倡导正能量文化，减少企业变革对组织氛围的破坏以及对员工士气的影响，在企业文化宣传和贯彻方面，要多角度、多层次、多方位地正面引导企业变革的舆论导向，避免消极情绪滋生和弥漫。

可以从企业的愿景、使命和企业价值观的层面出发，开展变革时期的全员大讨论，从人文角度对职工价值取向进行引导和规范，进而对人的态度、对己的态度、对事的态度提出要求。通过各种企业文化宣传媒体，树立企业变革阶段的先锋与典型，向全体员工传达企业精神，倡导自我革命、自我突破的行为和主张，潜移默化地使企业文化得到全体员工的认同。

■ 小节案例 | 韩都衣舍：蚂蚁军团力量大

韩都衣舍创立于2008年，始终专注于年轻时尚女装品牌的打造与销售。自成立以来，韩都衣舍就具备典型的互联网基因，如依托淘宝旗下天猫商城打造自己的旗舰店，平均每天上新近100款，不开设供应链等资产和劳动密集型环节等。发展至2020年，韩都衣舍已经成为天猫女装类目粉丝数量第一的品牌，赢得超过5000万年轻女性的青睐。

韩都衣舍在短短12年的创业历程中所获得的成功，固然与韩都衣舍经营团队把握互联网时代电子商务的时代脉搏存在一定的关系，但是获得众多明星投资并带来粉丝流量也是促进韩都衣舍发展的重要因素，归根结底企业的成功离不开人力资源的支撑。

在创业初期，韩都衣舍的创始人就开始研究阿米巴的激励机制，并结合自身的特点优化基于小组制的蚂蚁军团组织，即将韩都衣舍内部划分成几百个三人小组，称之为蚂蚁军团。这是典型的互联网企业"平台+小组"的组织模式，有利于充分发挥组织内部每一个成员的主观能动性。结合韩都衣舍的发展可以发现，蚂蚁军团的积极作用包括四个方面。

第一，蚂蚁军团符合互联网企业平台化、管理扁平化的诉求，不同于传统企业业务流程的串联组织架构，蚂蚁军团的存在使韩都衣舍的内部组织形成一种并联的结构，避免了传统企业金字塔式的行政组织对基层人才创造力的限制。

第二，蚂蚁军团并联式组织架构模式，使不同品牌、不同款式间采取包产到组的方式成为可能。每一个小组由三个人组成，每个小组都包含产品设计师、页面详情设计师以及库存订单管理员三个核心岗位，三个核心岗位可以完成全部的产品电子商务环节。

第三，蚂蚁军团组织形式将韩都衣舍变成一个平台，相当于韩都衣舍与其他类似性质的电子商务公司依托天猫平台直接面对消费者，而韩都衣舍内部的每一个蚂蚁军团依托韩都衣舍这个平台直接面对消费者。使韩都衣舍的员工能更加贴近消费者前端，几百个小组贴近消费者、满足消费者的个性化需求，自然能够获得更高的消费者满意度。

第四，蚂蚁军团的激励依靠数据支撑，属于独立核算，对于每个小组使用的韩都衣舍资源也通过数据支撑结算，使每一个小组的主观能动性被充分激发。这样一来，韩都衣舍平台对于各个小组的管理成本就会降到最低，实际上每一个小组都在履行自我管理职能，这是一个通过分配机制倒逼管理机制创新的典型。

总体来看，韩都衣舍内部平台化＋无数个蚂蚁战斗队的组织形式，确保了韩都衣舍的产品和服务贴近客户、贴近消费者需求，最大限度地满足消费者的需要和个性化的产品需求，同时蚂蚁小组在责、权、利上实现统一，不淘汰小组成员但却更新迭代小组，使每个小组内部、小组之间形成良性的竞争关系，这种良性的竞争关系的建立基础是整个机制的透明化。在这种新型人力资源管理的支撑下，韩都衣舍这家互联网企业在竞争中胜出也是顺理成章的事。

（资料来源：作者根据多方资料整理而成）

第四节 传统人力资源管理与企业变革

中国大学在本科阶段开设人力资源管理专业比国外晚一些,直到1999年才在有限的几所高校内设置人力资源管理本科专业。而中国企业对于人力资源管理引起重视则更晚,21世纪的最初几年,企业界还只是忙于将过去的人事部更名为人力资源部。直到2008年,国家正式施行《中华人民共和国劳动合同法》后,由于这部法规重新定义了雇主和劳动者之间的关系,雇主为了规避层出不穷的劳动仲裁以及高企不下的经济赔偿金,人力资源管理开始在企业界获得较高程度的重视,同时也获得快速发展。

中国企业人力资源管理师职业资格考试中,将传统人力资源管理分为人力资源规划、招聘与配置、培训与开发、绩效管理、薪酬福利管理和劳动关系管理六大模块。传统的人力资源管理模式,对企业变革的支撑往往遵循战略(Strategic)、组织(Organization)和人员(Person),即人力资源管理对变革支撑的SOP技术路线。

一、传统人力资源管理战略

传统人力资源管理的核心主张在于职能的履行,因而在应对企业变革中战略层面的问题时,传统人力资源管理更倾向于有效地将企业战略与运营连接起来,以形成战略管理流程的闭环,并通过绩效手段和目标管理体系监控执行,同时也为传统的职能型人力资源管理的全盘工作找到切入依据。

为了创造和保持竞争优势,也为了彰显传统人力资源管理在企业变革中的价值,传统人力资源管理习惯在企业实施变革前强调和推动企业建立一套持续的、一致的战略指导机制，并把战略转化为战略地图和平衡记分卡。在此基础上搭建经营绩效平台，监控、指导、完善并提升战略，进而促进企业内部所有组织和机构聚焦战略发展方向，以确保战略目标的顺利完成。

二、传统人力资源管理组织

传统人力资源管理在组织层面对企业变革的支撑体现在两个方面，一是组织架构的调整，二是各种职能的履责，尤其强调招聘调配的履责方面，这与传统人力资源管理在企业中的定位有关系。虽然迈克尔·波特和彼得·德鲁克等管理学大师都认为人力资源管理的定位是企业的战略合作伙伴，但在正常企业运营中，人力资源管理仅相当于支撑性职能或者高级支撑性职能。因而对于企业变革，传统的人力资源管理往往属于被动应对的一个职能模块。

通常情况是企业变革在决策层形成普遍共识后，人力资源管理再根据企业变革的方向和具体行动进行组织架构的调整，这个过程中并不会用到人力资源管理关于组织调整的专业技术。

传统人力资源管理在组织层面对企业变革的支撑，还体现在具体职能的履责上。如按照企业变革空缺出来的岗位或新设置的岗位招募合适的人选，传统人力资源管理往往会按照筛选简历、面试邀约、一面、二面、终面的流程走下去，对于一般性的岗位这个流程并没有太大程度的不妥，但对于对企业变革未知领域或高端岗位，则极有可能在终面之前就会因为一面、二面的面试官不懂新业务，而导致真正适任的候选人主动放弃或被拒。再例如绩效管理，传统人力资源管理对绩效管理的理解还停留在考核上，而企业变革往往会涉及内部既得利益群体的利益的重新分配，这时传统人力资源管理极易沦为雇主的打手，通过绩效考核这一工具为利益的重新分配提供依据，导致其对企业变革的支撑沦为空谈。其他传统人力资源管理的职能履责层面，虽然程度不一，但对组织层面的支撑仅限于完成任务，很难在互联网时代真正为企业变革保驾护航。

三、传统人力资源管理人员

越来越多的企业家意识到，无论是战略变革、组织变革，还是业务转型、内部管理提升，归根结底都需要人手去推动和落地执行，传统的人力资源管理在这一方面的认知与企业家并无二致。因此传统人力资源管理在人员层面对企业变革的支撑，往往聚焦在现有人员能力提升、及时补充企业变革需要的人才和员工文化与积极性等软性心态建设。

1. 现有人员能力提升

不管是因应对互联网时代的何种挑战而兴起的企业变革，都意味着企业内部运营与过去会存在一些差别，无论是业务模式的改进还是内部管理模式的变化，都会对组织内部人员的能力提出新的要求。在此背景下，传统人力资源管理会根据对人员能力的新要求，组织或者寻找一些培训资源，来提升现有人员的能力。

相关研究显示成年人集中学习的转化率低于50%，尤其是不能从根本上激起成年人学习兴趣的内容，转化率更是低至不足5%。传统人力资源管理往往习惯以一纸培训通知召集拟培养的人员参与培训，事后的培训评估至多就是集中在受训者的行为评估层面，导致对现有人员能力提升的实际效果有限。

2. 补充企业变革所需人才

企业变革尤其是商业模式变革或者产品结构变革，往往意味着组织内部需要大量与新领域、新行业相关的人才，这类人才在组织内部存量人员中很难培养和转化，唯有去人才市场上寻找。尤其是企业变革的跨度比较激烈时，这一挑战更加严峻。

传统人力资源管理在人员选聘方面的职能在企业变革期间往往会成为最主要的职能，也是传统人力资源管理体现自身价值的关键。但对于全新的业务领域或行业领域的人才，传统人力资源管理被动式响应招聘需求任务，有可能导致寻猎不聚焦从而拉长人才招聘周期，同样也会由于对业务理解的程度不一，导致招聘的人才与岗位需求匹配度较低。

3. 员工心态建设

企业变革，无论是主动的还是被动的，因为会打破企业过去的惯性，并且会伴随着企业过去既得利益群体的安置与利益重新分配，所以往往会带来组织的动荡和内部气氛的变化。由于组织内部每个人员的个性不同、经历不同，对待企业变革的态度也各不相同。

传统人力资源管理在这种时刻，往往会承担起心灵抚慰师的角色，从鼓舞士气到营造组织氛围，利用已有的渠道对员工的思想动态进行广泛的影响。但饼画得太多总会招致员工的反感，而传统人力资源管理又难以从企业变革的业务领域出发去影响员工的心路历程，这种动作极有可能适得其反。

在企业变革的整个过程中，传统人力资源管理都是重要的一环，但传统人力资源管理的角色定位就注定其是被动的任务响应式支撑，这种支撑最佳的效果也只是保障企业变革项目的推进，并不能从本质上为企业变革保驾护航。从传统人力资源管理诊断的技术路线可见一斑，如图1-4所示。

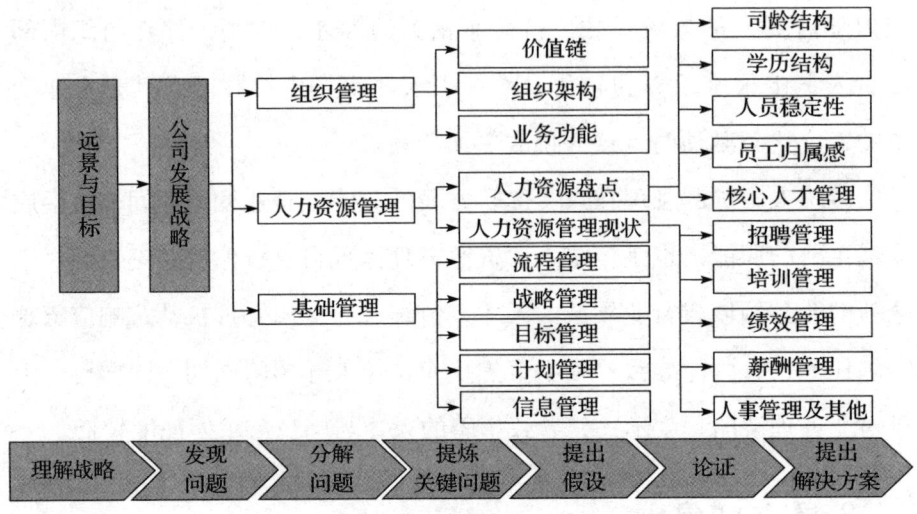

图1-4 传统人力资源管理诊断技术路线

小节案例　美的集团：反复整合组织

美的集团的前身成立于1968年，秉承用科技创造美好生活的经营理念，经过50多年的发展，美的集团已成为一家集消费电器、暖通空调、机器人与自动化系统、数字化业务四大板块为一体的全球化科技集团，产品及服务惠及全球200多个国家和地区的约4亿用户。作为一家传统企业，收购、并购、整合是美的集团进入21世纪后的主旋律。为了在业务不断多元化发展的进程中确保"一个美的"的一体化管理模式，美的集团多次整合事业部以及职能部门。

早期美的集团7个平台、8项职能、9大事业部的格局持续了很久，2018年，美的集团提出"10-11-12"工程，即10个平台、11个职能体系、12个事业部的组织调整与变革，被管理学界称为代表未来的组织发展方向，也代表着传统企业的发展方向。

美的集团的这种组织变革，实际目的是确保美的集团一体化管理手段能够执行下去，避免在业务多元化的过程中耗散组织效率。美的集团作为传统企业的代表，不断整合事业部与职能部门，也是基于以下四点考量。

第一，组织结构必须体现以客户为中心的理念，以便企业内部的组织架构有很多的节点面向客户，或者更有效率地响应客户的需求。

第二，必须降低陈旧的组织架构带来的组织惯性影响，尤其是负面的组织惯性影响，从组织形态层面激发组织活力，使一家老牌传统企业焕发出全新的青春活力。

第三，通过组织架构的调整，激发依附在组织架构上的人力资源的主观能动性，为新组织架构下新岗位的人力资源赋能，充分给予员工发挥自身能力的舞台和通道，促进人的能力的提升与发展。

第四，优化旧组织架构运作迟滞的环节，全面提升组织效率和组织执行效果，并在新的组织架构下调整部分业务流程和审批管控流程，以使组织内部不在价值创造环节浪费时间和增加业务流程的难度。

美的集团一直都在努力并且持续实施组织架构变革，无论是2018年从"789"转为"10-11-12"工程，还是未来的事业部进一步整合和职能部门回收，都是美的集团一体化改革的组成部分，打破割裂的事业部制、推动多品类协同是美的集团持续变革的动力，也是避免美的集团大而不强的关键举措。美的集团正在进行的多品牌架构、智能家居落地、开拓海外市场等变革也需要组织架构给予支撑，因此，美的集团的组织架构变革还会进一步深化。对于传统人力资源管理而言，支撑企业变革、企业战略调整的核心手段和关键技术路线，就是对组织架构进行调整与变革,并给予每一个组织内部的组织单元进行权、责、利的核定与分配的自主权。

(资料来源:作者根据多方资料整理而成)

第五节 新人力资源管理与企业变革

人力资源管理的组织演进经历了由人事部更名为人力资源部,直线职能制的人力资源部,业务与行政双头管理的矩阵式人力资源部,人力资源组织的三支柱架构等多个阶段,甚至一度流传着要"炸掉人力资源部"的呼声,要求从组织形态上消灭人力资源部。不论人力资源部这一组织是否存在或者以何种形式存在,企业的人力资源管理职能都不会消失,即便是提出"炸掉人力资源部"的托马斯·斯图沃特也没有想清楚炸掉人力资源部后原人力资源部的职能如何执行下去才能确保组织的正常运转。管理咨询师拉姆·查兰在《哈佛商业评论》上发表《分拆人力资源部》一文,对传统人力资源管理脱离业务的行为进行了尖锐的批评,但也只是提倡将人力资源部的业务功能分拆出去而已。

从某种意义上来说,人力资源管理三支柱(HRBP、HRCOE、HRSSC)模式算是新人力资源管理与传统人力资源管理的一个分水岭。在中国,虽然很多企业也进行了人力资源部组织形式的变革,但管理形式和管理理念并未发生根本性的变化,因而 HRBP 常遭遇诟病。客观地说,HRBP 的出现是企业人力资源管理变革职能升级换代的一种意义重大的尝试,意味着人力资源管理变革职能由分工合作到系统化管理,意味着传统人力资源管理从"为了专业而专业"的怪圈中跳出来,开始主动接触业务,并在此基础上为业务部门提供更具针对性和创造性的服务。新人力资源管理是能够突破专业领域并对外部变化保持敏感性,是能未雨绸缪的人力资源管理。

互联网时代,企业为应对市场变化,将垂直型管理模式转变为流程型管理模式,新人力资源管理的职能也从辅助性角色升级为主导性角色,有独立想法的人力资源管理者在企业变革过程中开始转换角色,成为主要推动者。具体而言,新人力资源管理的模式也会发生一些核心变化,由过去的六大职能模块变成三项主要职能模块:首先是人才供应链的打造,保障组织时刻都有合乎质量要求的人才供应;其次是搭建好激励平台,通过激励的形式充分满足互联网时代员工的自我管理与自我驱动需要;最后是对各组织的管理者赋能,培养其领导力,由他们履行对本组织人员的管理、赋能、考评、激励等具体管理行为。当然,新人力资源管理的三项职能需要建立在对企业变革战略把握精准且无缝对接的基础上。

一、人力资源管理战略

企业的战略规划会对企业人力资源的体系、组织形式、运作模式等提出一系列的变革要求,包括构建战略人力资源管理体系、人力资源管理战略承接企业战略目标等内容,进一步细分会涉及企业人力资源管理领域的目标、组织、人才、文化等一系列问题。

首先,战略人力资源管理体系是一个系统性、综合性的体系,企业变革战略目标与人力资源战略环境分析是人力资源战略的输入条件,在研究如何实现企业战略目标的同时,人力资源管理战略承接企业战略目标的策略会被确立。其次，人力资源管理战略承接企业经营战略，人力资源管理的总体战略需要从目标、组织、人才、文化四个层面进行多方面考虑。

第一个方面是目标，其内容包括目标体系化、多业务组合的目标区分与经营计划、分子业务单元的中长期目标及短期目标的结合与平衡。根据不同的价值主张，企业经营战略将业务进行区分并匹配对应组织，不同业务的人才管理重心各不相同，衡量不同业务是否支撑战略目标的达成也会存在不同的考量方法，并非一成不变。

第二个方面是组织，包括企业变革后的全面组织管控模式、业务架构与作战方式的分析（战略目标下作战方式是否会发生较大的变化）、组织定位、组织与业务的映射关系分析以及岗位设置等。在组织层面，企业要基于现状分析识别出变革前管理能力的提升空间，同时基于业务模式、客户渠道、产品技术等方面的能力要求，构建经营战略的团队、团队间的协同作战模式、不同分支组织间的关系与议事规则等，从组织架构上保证企业在实现经营战略目标的过程中"利出一孔、力出一孔"。

第三个方面是人才，包括核心人才规划、人才供应策略和人才激励策略。在企业战略要求下，人力资源管理战略的一个完整的人才供应链体系通常包括"借、招、培"三种具体的落地策略或手段，一般企业也会以干部管理平台来实现。

第四个方面是文化，包括企业市场品牌、雇主文化、内部的企业文化等多个维度，是整个人力资源管理体系的润滑剂。文化分为大文化和小文化的概念，此处指的大文化概念包括企业形象、品牌文化、雇主品牌以及视觉识别体系等，人力资源管理战略中提到战略对文化的要求聚焦在内部企业文化层面。

二、人才供应链

人才供应链包括内部人才供应链和外部人才供应链。对于互联网时代处于变革期的企业,人才供给的整体策略为加强内部培养能力建设,内部人才供给效率逐步提升,但部分业务领域存在过渡期,尤其是企业变革中厘定的新业务和新领域,这些领域的人才供应应该聚焦于外部人才供应链,可以考虑"借"与"招"两种具体策略。

企业人才的供应需要与业务发展的阶段相匹配,一般企业业务发展周期包括初创期、成长期以及成熟期。以某新能源产业为例,初创期业务人才,包括全新型业务的顶层管理人才,一般都要进行外招,其他核心体系负责人原则上全部从成熟业务部门调配,内部无储备者除外;成长期业务人才供应采用外招与内培相结合,从外部引进同行优秀者,在内部培养业务骨干;企业成熟阶段要承担起人才培育基地、增强组织土壤肥力的职责。具体情况如图1-5所示。

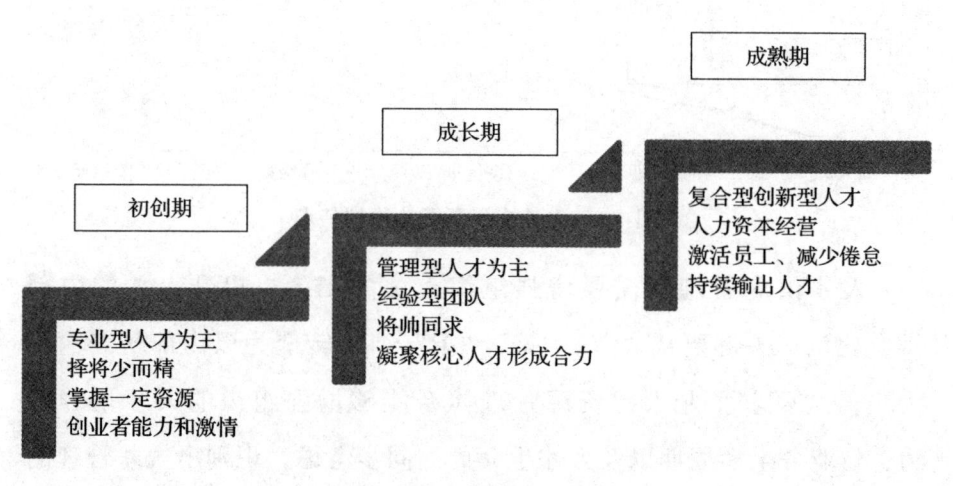

成熟期
复合型创新型人才
人力资本经营
激活员工、减少倦怠
持续输出人才

成长期
管理型人才为主
经验型团队
将帅同求
凝聚核心人才形成合力

初创期
专业型人才为主
择将少而精
掌握一定资源
创业者能力和激情

图 1-5 企业不同业务发展阶段的人才需求

人才供应管理也需要结合人才全生命周期的特点。人才在个人职业生涯、企业履职过程中均有其特定的全生命周期，在生命周期的不同阶段有不同的特点，如图1-6所示。人才流失是人力资源管理面临的主要挑战，解决人才流失问题的办法包括：加强试用期管理，建立核心人才导师制，对于外部引进高管实施90天融入计划；在快速成长期的关键节点，对新晋管理者有针对性地任前培训，帮扶转身；盘点识别出倦怠期员工，根据潜能及个人意愿，采取相应的激活手段（轮岗、扩大工作面或淘汰等）将人才重新激活。

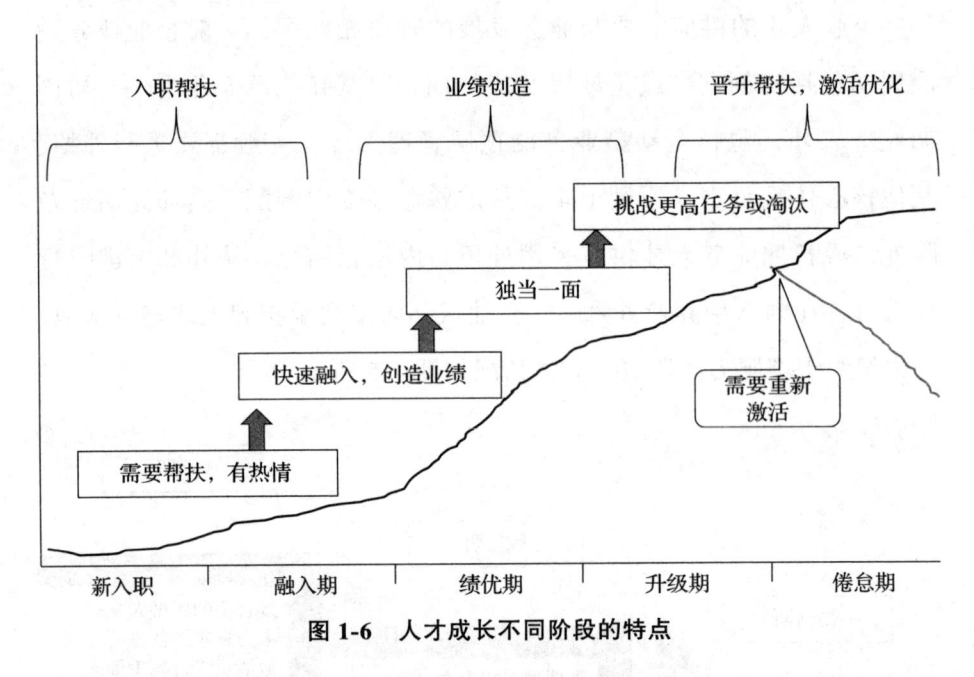

图1-6 人才成长不同阶段的特点

人才供应管理还需要增强组织土壤的肥力，提升人才的内部供应比例。关键要从"借""培""招"结合转变为以内部培养输出为主，这要求企业人力资源管理体系能够增强组织的人才培养能力，将业务生命周期以及人才生命周期同步考虑，识别出人才管理的重心。

三、激励平台

激励平台对企业变革的支撑，不仅体现为经济上的激励，也包括人才成长和精神层面的激励，其核心在于从根本上激活新、旧人才。人才的激活需要营造人才与企业成为利益共同体的氛围与环境，要充分给予人才成就动机和价值实现动机。包括人才晋升通道设计、人才赋能、人才激励三个层面的具体策略。

首先是构建畅通的职业发展通道，牵引员工持续奋进，新干部、年轻干部要勇于提拔，赋予其更大的责任与机会。职业发展通道划分为管理通道和专业/技术通道是目前比较多的做法，即组织内部所有员工可以根据所从事职位选择对应的某一职位类作为自己的职业发展通道，管理干部可以选择双通道发展，既可以走管理线也可以走专业/技术线。双通道如图 1-7 所示。

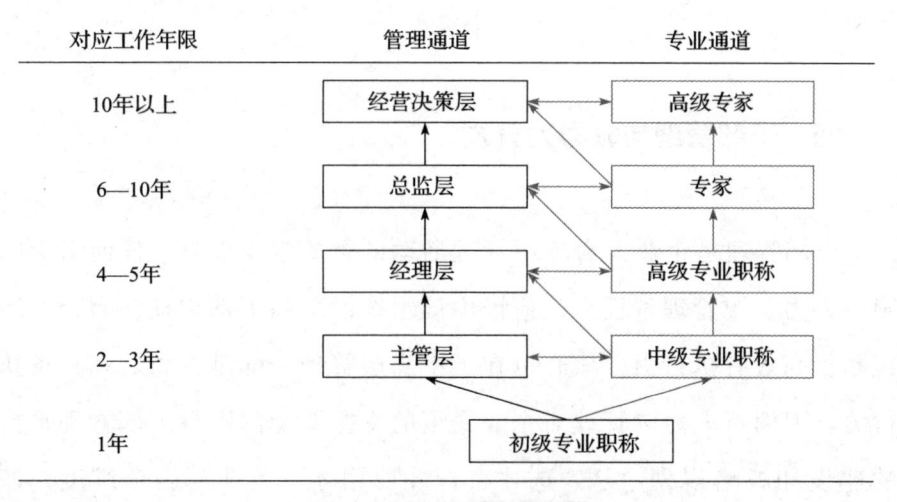

对应工作年限	管理通道	专业通道
10年以上	经营决策层	高级专家
6—10年	总监层	专家
4—5年	经理层	高级专业职称
2—3年	主管层	中级专业职称
1年	初级专业职称	

图 1-7 职业发展双通道

其次是对人才实施赋能策略，让人才在赋能的过程中体会到成长与被信任。通过对人才授权、分权，并赋予对应职能的责任，通过赋能发挥人才的主观能动性。包括制定内部人才流动政策，构建人才流动机制，促进内部人才的合理有序流动；建立内部人才资源池，为业务发展储备和培养人才；人才流动实行强制流动和非强制流动。强制流动由人力资源部根据业务发展需求强制落实；非强制流动遵从双方自愿原则。另外，赋能策略还需要建立赛马机制，激励优秀，鞭策后进，不合格淘汰制度化，例行化运作，不合格人员如后期表现优秀，可以继续重用。

最后是经济激励策略，也是在短期内最快激发人才活性的策略之一。优秀的员工要给予与责任结果匹配的、有竞争力的经济激励，构筑行业人才高地。激励策略中，激励对象要选定为真正做出突出贡献的人和团队；激励方式要关注需求，用创新激励方式释放员工潜力；激励来源要聚焦于业务持续增长，不断提升人效，加大对人才的投入；激励水平要匹配行业地位，引进行业一流人才，构筑人才高地。

四、干部管理与领导力开发

干部管理是企业人力资源管理活动的重要组成部分，任何组织的第一人力资源管理责任人，应该由该组织的最高干部担任，而企业组织是否高效有执行力，核心也在于中高层管理干部是否高效和具备执行力。因而新人力资管理对企业变革的支撑要专门进行干部管理平台的建设和战略规划。从"选才、育才、用才、留才"四个维度，按"规划配置、选拔任用、职业发展、考核评价、激励监察、离任退出"六大步骤，逐步建立干部管理体系，并加强对干部领导力的培养，支撑企业业务快速发展。

干部管理平台核心在于应用，即干部管理平台如何运作，干部管理平台一般分为"干部选拔任用机制""干部培养发展机制""干部绩效管理机制""干部的激励与保留机制"四个方面。一是干部选拔任用机制，通过明确干部选拔标准、规范干部配置、选拔与任用原则，完善选拔管理、聘任履新等流程，建立健全干部选拔任用机制，指导干部选拔任用活动。二是干部培养发展机制，坚持以培养为主的形式，有目的、有针对性地提升干部综合能力，以干部能力盘点为手段萃取干部队伍，为加快干部成长提供资源与机制保障。三是干部绩效管理机制，通过绩效全流程管理机制的建立，按照考核周期安排个人绩效管理工作流程及关键节点，强化激励效果，建立干部"能上能下"机制，将隐性的人才竞争力转化为显性的业务竞争力。四是干部的激励与保留机制，通过规划干部薪酬激励体系与健全干部纪律监察退出机制，为干部留任提供机制支持。

互联网时代，在大数据技术广泛应用的基础上，新人力资源管理工作由主观转变成依赖数据分析的客观性工作。在日新月异的企业变革中，新人力资源管理所起的作用已经不只是支撑者，而是牵引者、内部推动者、成果实践者，需要切实履行为企业变革保驾护航的职责。因而企业在互联网时代，要构建全新的人力资源管理体系，倡导效能文化和聚焦组织价值增长。

■ 小节案例 | 吉利汽车：持续创新人力资源管理

吉利汽车是吉利控股集团旗下的一个产业集团，吉利控股集团始建于1986年，1997年进入汽车行业，目前吉利汽车已成为吉利控股集团的主要产业。自成立以来，吉利汽车专注于实业，专注于技术创新和人才培养，计划在 2021 年进入全球汽车企业前十强。吉利汽车集团还在推进全球创新型科技企业的建设，实现汽车制造商向移动出行服务商转变。

吉利汽车副总裁杨学良在 2018 中国汽车人才高峰论坛的演讲称，吉利汽车在 2009 年之前没有人力资源管理体系；2009—2013 年，吉利汽车在集团层面逐渐搭建招聘、培训、干部管理、员工关系、薪酬福利等体系；2014 年，吉利汽车提出精品车战略，搭建人力资源管理三支柱架构，通过建立共享中心和专家中心全面推进 HRBP 模式，人力资源管理重心调整为驱动业务创新。短短 6 年时间，吉利汽车人力资源管理创新实践不断，具体创新实践包括四个方面。

第一，三支柱变为 N 支柱，一切以促进业务发展为要务。吉利汽车从 2014 年开始构建 HRBP、HRCOE、HRSSC 三支柱模式，后续发展出 N 支柱模式，具体支柱包括专家委员会、企业大学、共享服务交付中心、业务伙伴 BP 等，在吉利汽车内部，传统的 HRBP 被称为"BP+"。

第二，基于业务服务的人力资源共享中心。实施人力资源管理三支柱模式的企业，通常会有人力资源共享中心，但吉利汽车的人力资源共享中心是针对主要业务，充分利用互联网技术，实现员工自助服务，建立高效统一的共享服务平台，形成有市场竞争力的高效运营团队、员工人事薪酬服务的运营管理和实施部门。

第三，左右手互搏的企业大学。企业大学在大型企业中不罕见，吉利汽车的企业大学有左右手，"左手"是企业大学为各级别人才提供的定制化培训和服务；"右手"是吉利的梦想公园，包括吉利汽车集团的办公大楼、培训机构、体验中心、高端酒店、公寓式服务等。

第四，迭代升级、与时俱进的企业文化。很多企业的企业文化处于静态建设和动态宣传阶段，但吉利汽车的企业文化却始终处在迭代升级、与时俱进的阶段。激励的四个文化支柱包括奋斗者文化、对标文化、问题文化和合规文化，其中对标文化、问题文化这两根支柱本质上就是一种不断演进的文化。

吉利汽车的人力资源变革也遵循一般人力资源变革内容，如图1-8所示，主要是将人力资源的职能由行政职能向服务职能和战略职能转移。

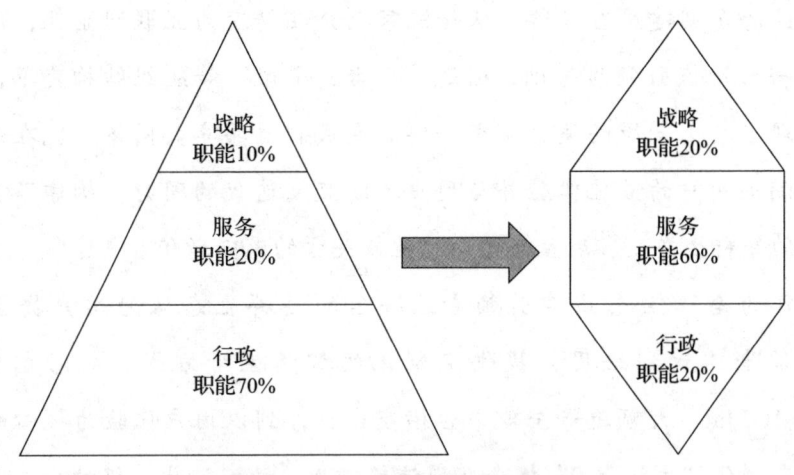

图 1-8　人力资源变革职能转移

细数吉利汽车集团近年来的人力资源管理实践创新，本质上都是以业务为导向、以奋斗者为本，在设定清晰目标的基础上利用市场化手段，实现高业绩对应高回报的体制，让人真正在工作当中实现成长，让每个人把价值充分发挥出来。这是一种从本质上尊重人力资源，视人力资源为企业的事业伙伴，而不是普通打工者的理念。

(资料来源：作者根据多方资料整理而成)

章末案例 　　**海尔集团：共同体的链群生态**

1. 公司介绍

海尔诞生于1984年，最初是以家电为主要产品的制造厂商，历经30多年的发展，海尔始终坚持技术创新、技术改革、技术领先，引领中国乃至世界家电产业的发展潮流。传统工业时代，海尔以优异的质量和服务创建产品品牌，成为中国家电第一品牌。随着海尔全球化品牌战略的实施，欧睿国际数据统计海尔连续12次蝉联"全球大型家用电器品牌零售量N0.1"，确定了海尔全球第一家电品牌的地位。互联网时代，海尔创建平台品牌，从传统家电企业转变为互联网企业，以人单合一与价值引领为基础，通过"平台、小微"等组织结构变革，海尔实现了与上下游的关系从零和博弈变成利益共享共同体。现在的海尔在满足用户的最佳体验并与用户不断交互迭代的同时，构建了共创共赢的链群生态，实现生态圈内利益攸关方的不断增值。

作为全球生态品牌引领者，海尔的链群生态从为用户提供产品，逐渐迭代到给用户提供定制化的智慧生活方式。从海尔U+、COSMOPlat、大顺逛等全球平台横空出世，到以用户体验为核心的全场景定制化"生活X.0"概念实现惊艳四座，快速迭代升级的生态品牌开启了海尔新的历史篇章。

海尔U+智能生活平台融合全球资源的开放式生态系统，包括食联生态、衣联生态、住居生态、互娱生态等物联网生态圈，在各种智能家居生活场景中为用户带来前所未有的智慧家庭生活体验，满足用户对理想家的美好憧憬。整合全球技术资源的海尔高端制造平台COSMOPlat，全球唯一一个以用户为中心的工业互联网平台。在这里用户可以参与产品全流程设计，任何人都是设计者、发明家，定制个性化美好"生活X.0"。

2018年，海尔智能产品销量超过2.1亿台，实时在线用户数达到2800万，顺逛平台网络触点达到113万个，链接了数亿用户资源，海尔品牌生态收入涨势强劲，达到151亿元，同比增长75%。在"万物互联"的物联网时代，以智慧家庭引领的海尔生态品牌将为全球用户带来越来越多的美好生活体验，成为全球生态品牌的引领者。

2. 协同作战的组织架构

海尔集团的组织架构始终处在动态调整过程中，作为传统企业中的翘楚，海尔集团在组织架构适应企业发展的主动变革和调整层面一直处在积极主动的状态，面临着海尔集团走向国际化竞争市场的挑战，小修小补式的组织架构成为制约因素。不仅海尔集团的组织架构需要大变革，其员工能力也需要提升，否则进军国际化将遭遇失败。

中国家电产业处在快速发展的黄金阶段，海尔集团没有合适的组织结构意味着发展速度的降低，甚至有可能被行业内的新起之秀追上甚至超越。组织能力提升和组织创新是企业进步的重要组成部分，新技术只能提供生产效率提升的潜力，要切实产生经济效益还需要依靠组织创新来实现。海尔集团清晰地认识到这一点，因而在这方面的努力从未停止。

在面对国内行业的激烈竞争以及国际化市场的高标准时，海尔集团不仅要在国内市场赢过同行，也要在全球范围内面临着来自海外同行的挑战，国际化竞争强调一体化的"解决方案"，不再是单纯的产品竞争，因而海尔集团面临着组织架构调整的内外部要求，只有通过组织架构调整才能完善为客户提供一整套解决方案服务的组织基础，才有可能赢得客户、增强产品的协同性、降低内部成本、提高对外竞争能力。

始终紧跟时代发展节奏的海尔集团内部具备自主变革的基因，在面临组织架构的变革和调整挑战时，具备其他企业所不具有的良好内部变革土壤，这在一定程度上增强了海尔集团组织变革的成功概率。

3. 推进组织变革

海尔集团过去按照产品品类成立事业部，集团总部对所有事业部进行管理和控制，集团的组织架构是典型的职能事业部制。集团总部除各产品事业部外，还有对应的履行集团管控的职能部门，每个事业部的组织架构下都会设置研发、生产、销售、宣传等价值链上必需的职能部门，每一个事业部都是麻雀虽小、五脏俱全的组织配置。

走向国际化的海尔集团有新的发展战略和发展要求，因此海尔集团的组织变革根据各类不同产品线的运营模式，划分为六个子集团，对自从建立后始终都是盈利状况不佳、未装入上市公司的产品线实施关停的操作，部分小家电产品采取为国美代工的方式，以求提高运营效率。

在整个组织变革推进的过程中，海尔集团内部进行了组织架构调整后的人事变化，很多企业内部推动组织变革并不困难，困难的是组织变革后人员职位的变动以及安置，甚至部分高层人员安置不当最终会导致组织变革失败。海尔集团所有中高层领导岗位全部实施重新竞聘，至于全国范围内海尔集团的其他岗位，变动则是更大。为了顺利实施组织架构的变革，海尔集团在部分事业部进行了一定程度的裁员。职能事业部制往往采取各事业部独立核算的模式，但组织架构导向资源平台、管控中心的集团模式，意味着海尔集团对子集团的财务实施管控，对各个分子集团和中心实施财务统一管理。另外，海尔集团的组织变革还为统一品牌形象奠定了基础，以前海尔集团的不同产品均有公关公司进行品牌宣传或产品推广活动，海尔集团实施组织变革后将只有一家公关公司帮助其对所有产品进行市场推广活动，这样不仅能够节约宣传成本，还有助于海尔整体品牌形象的提升。

即便是海尔集团，在组织架构调整中也同样面临着多家企业组织架构共同调整的诸多挑战，如时间周期。首先这次海尔集团的组织架构调整时间表仅有两个月左右的时间；其次是后台运营数据的支撑，这也是发挥组织协同效应的基础之一，海尔集团由过去的产品事业部制变革为集团统筹的协调作战模式，对于过去不同产品事业部后台数据的整合与协同也是一项挑战；最后是过去海尔集团采取的是各个事业部独立核算模式，这次组织变革后将由集团财务运营中心集中管控财务，也是一项挑战。为此海尔集团提出的对策，一是允许延长几个月的组织架构调整过渡期，使组织架构的变革更加平稳地对接；二是优化高层管理资源和市场资源，实现组织架构的扁平化和网络化，提高管理效率和柔性；三是启用以证券、财务见长的管理团队彻底取代海尔集团原来的产业精英团队，并开展一系列的资产运作，从而应对从独立核算到集团财务统一管控带来的风险。

4. 打造共同体的链群生态

海尔集团实施这次组织变革最初的目标只是重组原有集团下属各个事业部，以提高运营的效率，同时成立新的金融集团加强海尔集团内部资金运作的监管力度。

最终，海尔集团组织结构调整的结果远远超出最初的目标，其有效结合了市场链与事业部两者的优势，打造了流程型组织，强化了不同产品运营模式。通过这次组织架构调整，海尔集团在组织形态上已经实现了利益共享共同体的链群生态打造的土壤肥力培育，为未来海尔集团人单合一模式的变革奠定了本质基础。此阶段实施的组织架构变革，目的是根据战略的调整，通过组织变革获得战略调整成功的支撑能力，同时根据组织架构的调整明确组织所需要的组织能力，使海尔集团的发展更加稳健和迅捷。

5. 结论与启示

海尔集团产业化布局的核心是终端消费者，因此在 2008 年经济下行的情况下，消费能力下滑必然对海尔集团的市场销售和业绩增长造成严峻考验，这也是海尔集团面临转型的难题。值此时机海尔集团在外部推行国际化战略，在内部推行"市场链"流程变革，这些举措很难在缺乏组织架构支撑的情况下获得成功，在此背景下海尔集团实施组织架构变革，在很大程度上属于应对外部经营环境急剧变化而进行的内部主动性的管理提升和变革。

从 2007 年 4 月底开始，海尔集团全力推进流程建设和组织再造，为组织架构变革创造了较好的氛围与变革动力。海尔集团国际化要想成功最根本的因素还是人才的国际化，虽然海尔集团也外聘了一些国际知名企业的高级人才，但这些专家只能当参谋却没有决策权。

整体而言这次组织架构变革，帮助海尔集团立足中国市场和借助前期的国际化布局，建立起各领域相互发展、共同支撑的新型产业链，最终为以产品、服务、技术、渠道为支撑的多元竞争力提供了基础和前置条件。首先，基于国际化要求打破传统产品事业部制的组织架构，构建基于符合国际化"解决方案"要求的基础组织架构，同时统筹管控集团内部的各个产品线发展，使海尔集团总部成为整个海尔事业的资源中心和管控中心；其次，基于协同作战、资源整合的考量，海尔集团成立六大子集团，使同类资源更加集中，降低了过去不同事业部间资源重复配置的弊端，为整个海尔集团不同产品线实现利益共享共同体创造了前置基础和条件；最后，海尔集团通过组织架构的变革，为未来构建利益共享共同体的链群生态创造了前置条件和土壤，使海尔集团在后续互联网时代和物联网时代的冲击下，始终都能够踩到时代的鼓点，站在同行业内企业的前排。

实际上在海尔集团后续十几年的发展中，基于利益共享共同体的链群生态打造成为海尔集团管理创新中一张靓丽的名片，经久不衰。

（资料来源：作者根据多方资料整理而成）

第二章

干部领导艺术

开章案例 | **格力电器：领导者要狠一点**

1. 公司介绍

珠海格力电器股份有限公司（以下简称格力电器）1991年成立，成立之初是一家空调组装厂，经历30年发展如今已成为多元化、科技型的全球工业集团，产业覆盖家用消费品和工业装备两大领域。格力电器是一家深市主板上市企业，是世界五百强企业之一，在走向国际的过程中成为中国制造的代表性企业之一。格力电器的品牌也伴随着时间的推移获得更快的发展，如图2-1所示。

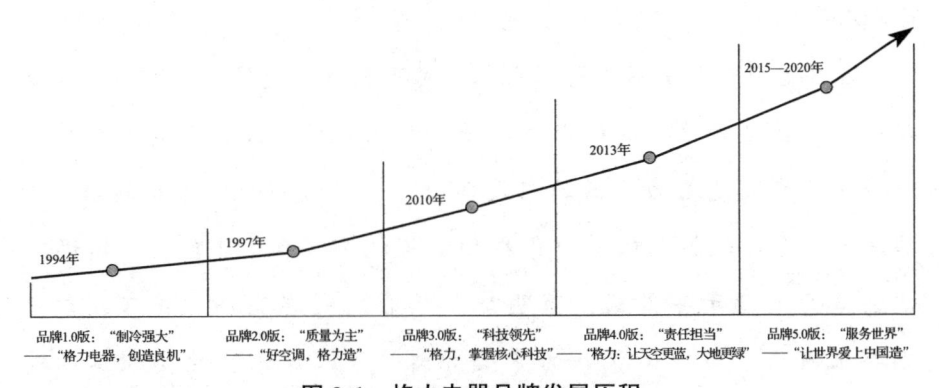

品牌1.0版："制冷强大"——"格力电器，创造良机"（1994年）
品牌2.0版："质量为主"——"好空调，格力造"（1997年）
品牌3.0版："科技领先"——"格力，掌握核心科技"（2010年）
品牌4.0版："责任担当"——"格力：让天空更蓝，大地更绿"（2013年）
品牌5.0版："服务世界"——"让世界爱上中国造"（2015—2020年）

图2-1 格力电器品牌发展历程

图片来源：格力集团官方网站。

从经营数据和企业实力层面看，格力电器作为一家行业内头部企业当之无愧，但获得这样的关注度和声誉与格力电器传奇董事长董明珠存在一定关系，公众印象中对于董明珠的形象无外乎"铁娘子""霸王花"等，而董明珠频繁出现在公众面前，也证实了这种刻板印象。

当然这些并不影响董明珠成为中国一流的企业家，她以女性企业领导者的身份与华为任正非、阿里巴巴马云、万科王石等一流的企业家一样，在中国企业界享有盛誉。有管理学者专门研究格力电器的干部管理与领导力，得出的结论是格力电器的干部对自己都比较狠。

2. 格力管理够狠

董明珠在管理上的"狠"文化无论是在格力电器内部还是在公众眼里都是赫赫有名的，在接受中央电视台主持人杨澜的访谈时，董明珠就明确提出："不论企业是国营的还是民营的，这个企业都是社会的。企业走得越高，管理层就越要放弃一些东西，不放弃就无法带出良好的企业文化。"董明珠拒绝家人介绍经销商的事情也反映出董明珠对自己家人的狠。

当然董明珠女士不仅对家人狠，对下属甚至是她自己都够狠，要客观地看待这种狠，这种狠并不是一种人性的淡漠，而是董明珠彻底将自己看成是格力电器的组成部分，一心为公而不为私的狠。董明珠另一个比较鲜明的对自己狠的观点就是"不能让自己犯错误"。就任格力电器董事长后，董明珠虽然时时处在高压状态下，却严格要求自己，与中国领导力中领导者"严以律己"的要求不约而同。从董明珠的跟随者们反馈的信息可以看出，董明珠对自己的狠已经成为格力电器的一种要求，是所有干部都会身体力行的一种行为规范。也正是董明珠严格要求家人、下属和自己，才使董明珠在格力电器内部达成了一种让下属崇拜、敬畏，进而对董明珠产生一种莫名的信心，这种信心是这些下属矢志不渝追随董明珠的前提基础。

对自己足够狠的董明珠，在道德上将很难留下瑕疵，这也是在中国文化背景下，追随者对领导者一种看似基本但实际上却是顶级的要求。有人总结董明珠在格力电器的管理经验，援引董明珠的语录"一个领导者要有牺牲的精神，奉献精神就是一种牺牲，不能考虑个人得失"得出来的第一条经验就是："管理者对自己要狠一点儿！"

3. 杜绝论资排辈

董明珠的很多话语和举措，被外界认为是严苛地贯彻制度、坚守诚信、杜绝企业里的管理者权力腐败，是将权力关进制度的笼子里，但实际上远不止于此。查阅资料可以发现格力电器这么多年来无论经营环境如何，都没有爆出裁员传闻。

2016年，董明珠宣布格力电器每位员工每月加薪1000元，时隔3年后董明珠再次宣布给格力电器每位员工每月加薪1000元，董明珠希望格力电器的员工在社会公众面前拥有企业自豪感，这是一种顶级的企业文化。在中国企业界，始终都觉得华为出来的人才先天带有一种傲气，这与华为始终坚持薪酬领先的策略息息相关。

20世纪90年代，格力电器企业内部存在着权力腐败，而且论资排辈非常严重。董明珠认为权力腐败、论资排辈非常不合理，她认为员工只要勤勉、尽心地为企业做事就对企业有价值，所以企业要有合理的规章制度给全体员工提供一个事业的平台，员工在格力电器做事不应该逐利而行。

董明珠一直致力于在格力电器内部构建良好的制度，让有志在格力电器内好好发展的人拥有机会。同时，也构建格力电器永远是能者上庸者下、绝不论资排辈的企业文化和氛围。如今的格力电器，虽然领导干部们对下属的要求很严格，也经常出现批评员工的情况，但真正的文化内核却是"领导者真正的柔情是批评员工，看到出了问题还装作没看到,这对于一个领导来讲是不负责任的"。这就是董明珠在格力电器矢志不渝倡导的文化,用文化来杜绝论资排辈,营造真正能者上庸者下的氛围。

4. 约束干部

虽然董明珠具备鲜明的人格魅力,但在格力电器的干部管理上,董明珠更信任制度管理而不是道德约束力量,董明珠曾经明确表示:"(格力电器)从1991年的1亿做到2014年的1400亿,数字的确变了,更重要的是体制发生了变化。"她认为格力电器的营业数据变化并不值得夸赞,值得夸赞的是建立了制度约束干部的文化,并且认为格力电器要想持续发展一定要在制度上做文章。

实际上从董明珠在格力电器担任销售部部长开始,就一直非常重视制度建设。早期她提出"营销不是忽悠人,而是要有一个很好的制度"。后续在格力电器担任更高职位时又反复告诫格力电器的管理干部:"管小事才能成大事。关注细节,才不会有大问题。"担任格力电器总裁和董事长时,她又强调:"宽松不等于放纵。宽松之外要有铁的制度,真正的民主并不是没有约束,一个缺乏制度的公司,最大受害者是好员工。"

有董明珠珠玉在前,格力电器的干部普遍对自己要求严格,而这种要求严格无论是自发的还是被动的,均是在格力电器严密的管理制度之下,同时整个格力电器上下也是处在要求严格的文化氛围之下。格力电器的干部对下属严格,对自己的要求更加严格,因为他们需要面对的是最为严格的董明珠。

"企业的领导者不能和员工的思维错位。要让那些为公司做出贡献的员工有安全感,让他们有发展的平台,有施展才华的舞台。领导者不能按照自己的关系、个人的印象好坏来决定是否给他们机会，机会应该对所有人敞开。"这是董明珠对格力电器所有领导干部的统一要求，需要全体格力干部遵照执行。2021年2月22日，"2021福布斯中国杰出商界女性榜"发布，董明珠排名第五位，第九次荣获福布斯相关榜单荣誉。

5. 结论与启示

格力电器的干部领导力，普遍是以无瑕疵、严格要求作为背书形成领导者的正面形象，从这种形象入手给下属以信任感，继而获得下属的追随和拥护。虽然这是一种近似于苦行僧式的干部要求，但是在这种严苛的要求下，格力电器的干部普遍获得追随者的信任，符合行为学派对领导力的定义和要求。

作为一家代表着中国制造的企业，格力电器自身有着顽强的生命力，包括制度、体系和文化都具备自发的顽强生命力，这种根植于企业组织的顽强生命力会牵引着格力电器的干部因时顺势地进一步朝着有利的方向去发展、优化和升级自身的领导力，继续为格力电器屹立在世界名企之林而贡献自己的力量。

（资料来源：作者根据多方资料整理而成）

如同人是否有力量在于腰部一样，企业的执行力强不强，基层员工的执行力固然相关，但最核心的还是中层干部的执行力要强。互联网时代变化是不变的主题，企业面临着更加复杂多变的外部市场环境，被动或主动实施企业变革的频率提升，能否在每一次企业变革过程中抓住机会为企业获得更大的竞争能力，关键在于支撑企业变革的干部领导力。

第一节　人力资源管理的责任主体

10年前,作者在一家教育培训机构担任集团总部人力资源总监时,曾在集团发布的《人力资源管理手册》中明确提出:"集团董事长兼总经理是整个集团人力资源管理的第一责任人;各分子公司、驻外办事处的总经理是对应分子公司或机构的人力资源管理第一责任人;集团总部各部门、分支机构各部门的干部是对应部门的人力资源管理第一责任人。"这个观点一经提出便在集团范围内引发广泛的讨论与普遍的诘难,整个集团的高层管理者普遍认为这是集团人力资源部总监推卸自身职责、逃避责任的做法。时隔10年再提类似观点,企业管理实操领域的接受度普遍提升。

中国宋朝皇帝设计出一种制度防止兵权旁落,导致"将不知兵、兵不识将",最终被证明虽能够起到防止兵权旁落却弊大于利。对企业而言,人力资源管理从业者无论专业度如何,对基层员工个性特质和能力水平的了解程度比不上这位员工的直接上级。在互联网时代,伴随外部环境变化加剧,企业为应对环境变化而越来越趋向于构建扁平化的小组织模式,人力资源管理责任主体明确为干部是一种趋势。

企业不同层级的干部在承担人力资源管理主体责任时方向和形式各不相同,如图2-2所示。领导、高层干部、中基层干部与人力资源管理从业者在人力资源管理责任上进行分工协作,切实强化内部的人力资源管理效能,同时在执行人员管理过程中,不同层级干部能够有效提升基于变革支撑的领导力。从本质上而言,基于变革支撑的干部领导力,其打造的基础就是人力资源管理责任主体调整到位,并在新的责任主体划分前提下各层面履职到位,否则不仅不能够打造各层级干部的领导力，反而会让处于变革中的企业因为组织混乱而导致内耗增加。

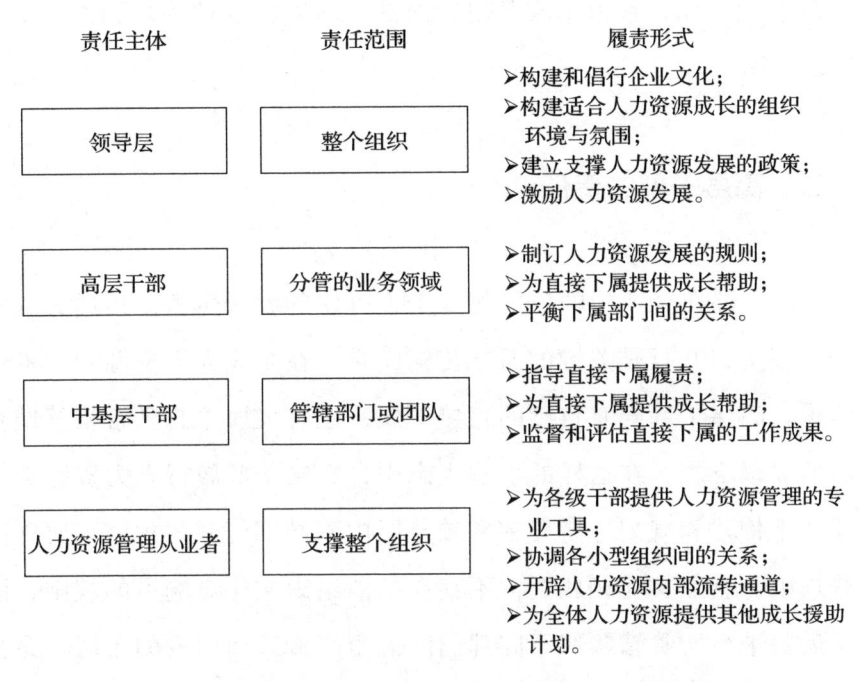

责任主体	责任范围	履责形式
领导层	整个组织	➢构建和倡行企业文化； ➢构建适合人力资源成长的组织环境与氛围； ➢建立支撑人力资源发展的政策； ➢激励人力资源发展。
高层干部	分管的业务领域	➢制订人力资源发展的规则； ➢为直接下属提供成长帮助； ➢平衡下属部门间的关系。
中基层干部	管辖部门或团队	➢指导直接下属履责； ➢为直接下属提供成长帮助； ➢监督和评估直接下属的工作成果。
人力资源管理从业者	支撑整个组织	➢为各级干部提供人力资源管理的专业工具； ➢协调各小型组织间的关系； ➢开辟人力资源内部流转通道； ➢为全体人力资源提供其他成长援助计划。

图 2-2　不同层级干部承担的人力资源管理责任和履责形式

一、领导层的责任

领导层是组织人力资源管理第一责任主体，尤其是将人力资源管理上升到企业战略管理层面后。企业领导层是企业文化背后深层次的根源，企业是否具备对人才的吸引力，以及能否对内部人力资源的能力成长具有催化作用，在于企业文化的底层逻辑是否尊重人才，是否将人力资源当作是一种核心成长的资源。

大量的管理咨询实践案例证实：凡是企业领导者将人力资源当成成本来管控的，尤其是在人力资源薪酬待遇上斤斤计较的，综合人力资源成本往往都是最高的。作为企业领导层，在企业人力资源管理第一责任主体的领域上，最佳的举措是不断优化、倡行适应员工充分发挥能力的企业文化，致力于改善组织内部适应人才发挥才能和人才增长能力的土壤。

二、高层干部的责任

高层干部在企业中的位置相当于人身体的脖子位置，传递大脑的指令到躯干，并且是关键的系统传输纽带，在企业人力资源管理责任主体中，高层干部既有自己的直接下属，也有隶属于自己管辖领域范围内的隔级下属，在这样的管理生态中，高层干部履行人力资源管理责任在于构建和规划好所管辖领域范围内不同部门间的规则。要确保这些规则与企业文化相匹配，不存在抵消组织文化影响力的规则，同时还需要平衡所管辖领域不同部门间因争夺资源而引发的矛盾，尤其是员工成长资源争夺中发生的矛盾。

作为部分下属的直接上级，高层干部同样需要承担帮助直接下属能力提升的责任。这意味着高层干部在履行人力资源管理的责任时，兼具两种身份，既是裁判员的身份，也是教练员的身份。

三、中基层干部的责任

中基层干部自身的执行力高下决定一个企业执行力的高下，传统企业的中基层干部以自身所在部门的业务为主，是对应业务领域一流的人才。在企业粗放式管理、野蛮成长阶段，这一做法无可厚非。但伴随着外部环境的变化以及互联网的深入人心，越来越多的企业发现从一线提拔起来的中基层干部不能直接产生管理效益，甚至很多从一线提拔起来的中基层干部，在业务管理位置上依旧从事着一线业务工作，导致整个部门的效率都集中到该干部一人身上。

中基层干部要做的事情绝不仅仅是将自身业务干好，而是需要切实履行管理的职能。管理的职能通俗地说是"管事、管钱、管人"，一般情况下中基层干部在前两项职能中均能够很好地履责，但在"管人"职能上，一部分中基层干部认为应该是人力资源部的事情，另一部分干部认为事情做好了人自然就管好了，这样的思想均不能够让中基层干部完全履责。中基层干部在履行人力资源管理职能时，关键任务是监督下属按照规定的要求完成工作任务，并对下属的工作成果进行评价，这些关于工作成果的评价结论恰好是下属能力提升的最佳依据。

四、人力资源管理从业者

在人力资源管理责任的履行过程中，企业人力资源管理从业者也有其自身的责任，虽然目前企业管理实践领域有声音在讨论企业人力资源部存在的必要性，但就目前而言，企业想要将人力资源管理职能完全释放给各层级干部还有很长的路要走，人力资源管理从业者在企业中存在的价值还会延续很长时间。

一方面在明确企业人力资源管理的责任主体要下沉到企业、企业内各个分支组织的负责干部头上，另一方面企业人力资源管理从业者也需要承担起企业人力资源管理职能中内部军师或内部咨询顾问的职能，具体包括三个层面。

1. 提供专业的理论知识和工具

所谓术业有专攻，人力资源管理从业者自身的专业价值并不能被忽略或低估，在人力资源管理责任主体划分清晰的前提下，人力资源管理从业者在内部要向承担人力资源管理具体职能的领导层、高层干部和中基层干部提供专业的人力资源管理知识和理论，在他们有具体需要时，人力资源管理从业者可以为他们提供专业的人力资源管理工具。

2. 打通人力资源内部流转通道

明确人力资源管理责任主体为各级干部，容易招致的问题是山头主义和站队思想，在一定程度上会人为增加企业内部的部门墙，不利于人力资源的全方面成长和在组织内部的流通，长期下来会对组织的氛围、人才生存的土壤带来不可逆的负面影响。

企业人力资源管理从业者在划分清晰人力资源管理责任主体前，要确保企业内部员工的职业发展通道是通畅的，且不是单纯的上下发展通道，更需要包括横向发展的通道，甚至是有必要宣贯员工在企业内部强制性地横向流动。例如，采购部的员工在服务满一定期限后，必须向其他部门流转。很多企业并不缺乏员工向上发展的通道，尤其是处在快速成长期、组织规模扩充速度较大的企业，员工上升通道极其广阔，这种背景下再将人力资源管理责任主体下放到各级干部，极容易招致企业内部拜码头、强制性站队的情形发生。在人力资源管理责任主体下放后，企业人力资源管理从业者的第一要务就是确保员工在企业内部的流转通道，如果不能做到自然流转，那么人力资源管理从业者需要设置强制性的横向流转通道。

3. 为人力资源成长提供帮助

明确人力资源管理责任主体的目的是让了解员工的干部对其人力资源服务需求进行响应，但并不能确保所有的干部都能够毫无私心地履行人力资源管理责任。管理者最基本的水准就是像我管理，即对个性特质、能力特质像自己的人有偏好的晕轮效应，这一普遍性的晕轮效应很难自觉控制，所以当人力资源管理责任主体下放到各级管理干部身上后，难免会出现一部分人才在能力提升过程中遭遇到不公平的对待。

很多管理者都很清楚，最具战斗力的团队是团队成员在个性特质、能力特质上互补，而不是趋同。基于这一点，人力资源管理从业者在员工管理责任主体剥离后，一项更为重要的职能是为企业全体员工的成长提供必要的援助计划，一般会通过绩效辅导、任务调整、资源配置等手段，去平衡和协调各级管理者对于直接下属的培养投入。

在互联网时代，由于价值创造的形式在新技术、新商业模式、新信息传递渠道和速度的背景下发生了巨大的变化，因此人力资源管理的假设基础也发生了改变，在这些因素的综合影响下，人力资源管理的责任主体必须与时俱进地发生改变，否则难以为企业提供足够的人力资源专业支撑。人力资源管理责任主体的明确与下放，是时代发生变化的一种必然选择，也是打造基于变革支撑干部领导力的必然需求。

第二节　组织能力的核心体现

互联网时代的企业在应对复杂多变的外部环境时，干部领导力是企业整个组织能力的核心体现。作者在长期企业管理咨询实践中发现，员工能力集合体中干部领导力的影响因素更多，且对基层员工能力的发挥起着至关重要的影响作用。

在以变化为主题的互联网时代，企业经营的外部环境变化频繁，内部随之进行的变革和调整也相应增加，能支撑内部变革和调整成功的关键在于干部领导力的发挥，如图 2-3 所示。企业战略发生调整意味着需要年度经营计划与其匹配并给予支撑，实现年度经营计划的核心在于内部人才供应链为企业及时提供合适的员工，而人才供应链的打造又有赖于激励机制的设计和干部领导力。

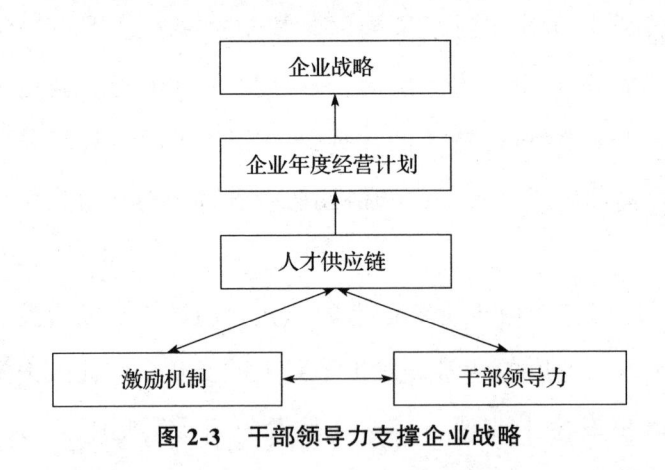

图 2-3　干部领导力支撑企业战略

一、组织核心竞争力

企业日常经营中的竞争优势到底来自生产要素资源还是暂时没有量化衡量的人力资源，历来是一个争论不休的话题。伴随着陈春花的《激活个体：互联时代的组织管理新范式》一书的出版，越来越多的企业家和学者开始摒弃过去的唯生产要素论，转而重视起人力资源在形成组织核心竞争力中的价值。很多传统企业家也开始意识到伴随着人力资源管理的假设前提发生改变，员工获取财富的形式跟着发生了巨大的变化，且互联网时代呼唤平台式组织，在这样的背景下越来越多的企业开始转型做平台型的组织，与具备特殊能力的人展开合作而非雇用他们，从而创造出更加稳健和基业长青的事业。

21世纪是优秀人才的时代，21世纪最缺的也是优秀的人才，很多企业在思考企业的核心竞争力到底是来自组织能力还是人才时，陷入了"先有鸡还是先有蛋"的怪圈，实际上企业的核心竞争力既来自组织能力，更来自人才。因为组织能力的支柱除企业的愿景、使命和价值观外，还需要有基于符合人性假设的价值理念，在这一系列的机制下，无数人才个体依附在组织之下，将自身的能力转化为组织能力，所以组织能力同样来源于人才。一个企业无论它的机制建设得如何合理和科学，如果没有人才在这个企业服务，单靠一套合理和科学的机制也不可能为企业创造出价值，企业的价值核心还是由人才来创造的。

二、企业与人力资源

不难发现在优秀的企业中，优秀的员工比比皆是；而真正优秀的员工，也会用一定的时间将所在的组织打造成为优秀的组织。很多成立时间不超过十年却已经规模喜人的企业，通常具备一些共性特征，这些共性的特征充分证明企业与人力资源间相互依存、互相成就的关系。

这些共性的特征包括领导人、团队、信任度三个方面。

1. 善于凝聚人心的领导人

成立时间不长却发展得异常迅猛、经营得非常稳健的企业，第一个共性特征是拥有一位善于凝聚人心的领导人。善于凝聚人心的领导人带领着一群愿意追随他创业的人，是这些企业获得快速发展的关键。这样的组合使企业经营决策快速有效，同时追随者能够快速执行决策，在创业过程中能够快速度过求存期、市场开拓期和资金积累期。

2. 团队配合默契且稳定

第二个共性的特征是这些企业早期创业团队普遍稳定，长期共同奋斗的经历使成员间彼此配合默契，执行领导人的决策快速而又精准。早期的创业团队越稳定，团队成员间的配合默契程度就越高，对于领导者的意图就把握得越准，执行起来如同一个有机的整体一般。

3. 信任成本很低

第三个共性特征是企业和创业元老间的信任成本非常低，很多创业元老在企业创设初期没有斤斤计较收入多寡，当企业发展壮大后，企业领导者也没有让这些埋头苦干的创业元老吃亏。众所周知创业型企业资金是有限且紧张的，绝大部分资金要么用于市场开拓，要么用于产品研发，创业元老很少是因为经济性因素而坚持的，其矢志不渝地在企业踏实地干的原因，一方面是青睐于创业领导人的个人魅力，另一方面是因为不愿意轻易抛弃创业团队间那共同面对困难而建立的信任和默契。

企业和员工之间的信任建设是需要成本的,一个优秀的企业会让所有进入的员工感觉到靠谱和放心。一直坚持走薪酬领先策略的华为,始终维持一个高速发展的速度跟企业与员工之间的信任成本很低也存在一定关系。

无数优秀企业的案例说明,优秀的企业与优秀的员工是互相依存、互相成就的,越是优秀的企业组织,对优秀人才的吸引力越大。华为越做越大,无数优秀的人才削尖脑袋都想挤进华为;走下坡路或者是创业中的中小企业,有时候一个部门经理都要花上半年以上的时间招聘,且最终招来的人才并不能让企业满意。同样,优秀的企业也会加速员工能力的提升速度,很多企业在用人时,会直接指明行业内头部企业溢出员工免面试录用,这意味着这些企业对于头部企业出来的人才是信任的。同样,优秀人力资源的聚集,也会成就企业组织越来越好、越来越强。

三、提升组织能力

如何打造组织能力,杨国安教授在《组织能力的杨三角:企业持续成功的秘诀》一书中已经做过详细的说明,很多企业家都认为组织能力的打造缺少明确的抓手,更多流于口号或者运动式的内部项目。实际上组织能力的支柱是整个企业组织里的员工能力的集合,真正起到推动和催化作用的却是干部领导力,即组织架构各个节点位置上人员的综合能力,这个综合能力体现在两个层面,一个是管辖范围内的业务管理,另一个是管理范围内的员工管理,两者不能有所偏颇。

在绝大多数发展中的企业里，各级干部履行业务管理的职能一般不存在任何问题，但谈到管辖范围内的员工管理职能，却履行得不是那么尽如人意。中国有句俗话叫作"兵熊熊一个，将熊熊一窝"，即直接管理者与整个团队能力间的关系，理论上干部领导力提升起来后其团队的综合能力也不会太差，反之亦然。所以企业想要提升组织能力，最关键的问题是打造和提升各层级干部的领导力。

提升干部领导力并不意味着各级干部将人力资源管理职能放大，导致企业各级管理干部过渡管理，既浪费企业有限的资源，同时也会在企业内部滋生官僚作风的不好氛围。干部领导力体现组织能力，意味着在不同的企业发展阶段，干部领导力体现的因素也各不相同。

虽然干部领导力是组织能力的核心体现，但需要注意企业处于不同的发展阶段，对干部领导力的体现形式的要求并不完全一致，生搬硬套一个理论并不足以维持企业的基业长青，尤其是在外部环境变化迅速的互联网时代，干部领导力的开发、打造与评价一定要基于企业变革而定义个性化。

■ 小节案例 | 华润集团：领导力发展驱动业绩

华润集团创建于1938年，是一家雄踞在世界五百强企业名单里的大型中国央企，主营业务涉及消费品制造与分销、地产及相关行业、基础设施及公用事业等领域，旗下拥有多家在香港上市的分（子）公司。2018年11月23日，中国社会科学院发布"2018企业社会责任排名"，华润集团位居第一位；2020年7月20日，华润集团荣获国资委颁发的A级企业荣誉。一家拥有80多年历史的老牌国有企业能够获得如此多的荣誉，与一群身具领导力的干部密不可分，而华润集团干部领导力的发展又与2008年左右开启的领导力素质模型建设有关。

在华润集团成立70周年之际，领导力素质模型的发布是华润集团打造干部领导力、驱动集团业绩持续稳健发展的重要里程碑事项，意味着华润集团在团队打造的领军人物评定上已经有了统一的价值标准，这个价值标准既蕴含了华润集团的传承文化，又寄托了华润集团未来发展对领导干部的要求。华润集团领导力素质模型如图2-4所示。

华润集团领导力素质模型
CRC Leadership Competency Model

赢得市场领先	Compete for Market Leadership
为客户创造价值	Creating Value for Customer
战略性思维	Thinking Strategically
主动应变	Acting Proactively
创造组织优势	Re-generate Organizational Advantage
塑造组织能力	Building Organizational Capability
领导团队	Leading Your Team
跨团队协作	Crossover Cooperation
引领价值导向	Champion Corporate Credo
正直坦诚	Acting with integrity
追求卓越	Driving for Excellence

图 2-4　华润集团领导力素质模型

领导力素质模型正式启用后，华润集团在全集团范围内推广行动学习法，并导入心智模式概念，建立MBP模型。MBP模型指业绩（Performance）是由行为（Behavior）决定的，而行为又由心智模式（Mental Model）决定。在实践过程中，华润集团从负面业绩问题入手，识别影响业绩的主要负面行为，反思这些负面行为背后不合适的心智模式，与领导力素质模型比对，要求各级干部对照集团领导力素质模型修订不合适的心智模式、重塑行为、改善业绩。

在长达10多年的领导力发展实践中，华润集团的经营业绩也证明了领导力发展能够促进企业的业绩发展。在华润集团后续发展历程中，领导力发展小组始终维持与第三方咨询机构合作，构建基于素质模型的深度测评中心，启动以素质能力为发展目标的华润集团高级人才发展项目，开发华润集团业绩及发展管理流程（PDMP）等。华润集团领导力发展的最终目标是建立基于素质能力模型的现代人力资源系统，从而实现华润集团人力资源管理转型。实际上，华润集团通过领导力发展来驱动业绩增长，同时实现人力资源管理转型的实践，也是其他中国企业人力资源管理转型可参考的案例。

（资料来源：作者根据多方资料整理而成）

第三节　非人力资源管理部门干部的领导力

在人力资源管理责任主体还处在明确的过程中时，企业为提升中高层干部对人力资源管理的重视，普遍采取的形式是开展非人力资源管理部门干部的人力资源管理专项培训，通过这种培训帮助各级干部学习和掌握在人才的选育用留方面的技能和方法，不断提升各层级干部的领导力和企业的组织能力。

在人力资源管理职能转移的过渡阶段，这种方式能够起到一定作用，特别是在企业还依旧保存人力资源部的前提下，针对人力资源管理的职责，业务部门和人力资源管理部门各有偏重，如图2-5所示。

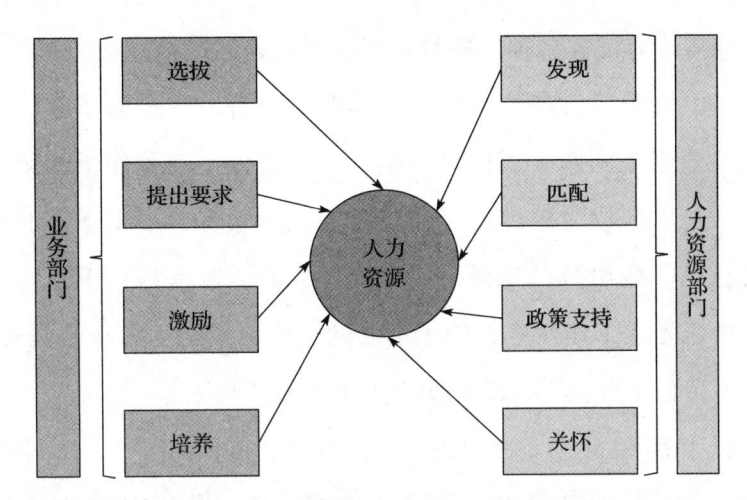

图 2-5　业务部门和人力资源部门在人力资源管理职责上的区分

一、非人力资源管理部门干部履责层次

虽然在职责上有些区分，但对业务部门干部而言，除履行好切分出来的人力资源管理职责，与人力资源管理部门无间配合，执行好企业人力资源管理政策之外，还需要通过非人力资源管理部门干部的人力资源管理训练来提升自己的干部领导力，这个提升只需要将三个层次的事情做好即可。这三个层次的事情均是评价人，不过三个层次的评价人所指对象和内涵各不相同。

1. 第一层次

第一个层次的评价人，评价的对象是自己，中国文化强调"己所不欲勿施于人""推己及人"等，因此非人力资源管理部门干部要履行好人力资源管理的职能，提升自身的领导力，首先必须了解自己并管理好自己，其前提条件是能够准确地评价自己。准确地评价自己意味着身为干部需要有反省精神,要清楚自己的长处和短处。

发展中的企业,多数干部是一线业务出身,在成为干部后非常容易形成价值实现的两个误区,一是干部自己做了业务能手却忽略平台建设;二是干部成为单纯的工作任务完成监督者。很多干部的主观上存在自己是一线出身,觉得下属完成任务的速度太慢,于是自己就冲上前,快速完成工作任务,抢了下属的工作,或是觉得自己是管理者,管理者不需要亲自动手,于是变成了单纯的"监工"。

对于干部领导力,中国有个成语叫"执两用中",《中庸》说:"执其两端,用其中于民,其斯以为舜乎?"强调中国文化背景下的干部在处理人和事时不能走极端,而是权变地选择合适的方式和程度处理。在非人力资源管理部门干部打造自身领导力的过程中,第一层次评价人的含义主要指评价自己,不仅要评价自己的性格特点、优劣势,还要定期评价自己的管理行为是否存在跑偏或者过激。

2. 第二层次

第二个层次的评价人,指的是干部要学会评价他人,由于非人力资源管理部门干部在企业组织中的位置,所以他们面临的交流对象既有企业的领导者,又有来自平行部门的其他干部,还包括他们带领的下属。第二个层次的评价人虽然指评价他人,这个他人包括上级、平级和下级,但并不意味着需要干部对与之接触的人进行定性评价,将这些与之接触的人区分为善恶或三六九等,而是指要学会评价他人的性格特质,用他人熟悉或者能够听得懂的语言与之交流。

作为一个团队,成员间是否默契主要看是不是有共同的语言背景，否则鸡同鸭讲，何来默契可言？推己及人、换位思考虽然经常被提及，但真正做到的却并不多。干部训练自身领导力的第二个层次评价人，意味着干部在自我修炼过程中需要充分考虑到他人的感受，发现他人的长处，用他人习惯的语言逻辑来交流，如此才能够大幅度缩减沟通和信息传递的成本，才能为提升干部领导力构建一个前置基础。

3. 第三层次

第三个层次的评价人没有具体的对象，而是一个评价过程，可以理解为评价人与人之间的沟通，或是干部对自己提升领导力过程中同其他人交流、沟通、实施管理策略的一种反思过程或一种思路复盘。企业在从小到大的发展过程中，往往会遭遇到管理效率、执行能力、领导能力、人力资源管理四个层面的瓶颈。

管理效率的瓶颈体现在：第一，人均效益的增幅与企业营业规模的增幅不同步，甚至营业规模在增加，但人均效益却在降低。第二，一种极端是管理幅度无限扩充，从创业到占有一定的市场份额，创业领导人的管理幅度从数人增加到数十人，却依旧在创业领导人的统一领导下；另一种极端就是管理幅度过窄，一个人升为干部带一个下属。管理幅度过宽和管理幅度过窄都是发展中企业常见的瓶颈，少数企业甚至两种情况都存在，看起来能干的干部管理幅度过宽，看起来不能干的干部管理幅度过窄。第三，基础管理往往普遍薄弱，经验管理胜过一切。第四，量化问题是一个大问题，发展中的企业并没有足够的经济实力来上系统，手工记账和盘点难免会出现问题，对于琐碎繁杂的职能辅助类工作，更是完全依赖主观评价来衡量。

执行能力的瓶颈体现在：第一，执行力存在漏洞，创业团队在执行创业领导人的决策时，不折不扣地执行，但在工作任务逐层分解的过程中，越往下执行速度越慢、执行结果越打折扣；第二，制度虽然在不断地制订和优化，但却不能够有效地在组织内实施，创业领导人视野较为宽阔，也能发现其他企业的一些好的方面并决心学习，于是在自己的企业内部进行制度建设，想法虽然很好，但真实的结果往往是制度制订了一大堆，却没有有效地执行下去；第三，制度政策更新迭代，出现遗漏便打补丁，但伴随着补丁越打越多，制度政策的执行效果却越来越差。

领导能力的瓶颈体现在：第一，决策层次混乱，没有根据组织规模确定，部分发展中企业事无巨细，完全由创业领导人一人拍板决策，另一部分发展中的企业却恰恰相反，组织规模明明只有几百人，但决策层次却是总经理、副总经理、总监、经理、主管等好多层，导致决策效率非常缓慢；第二，授权泛滥或缺乏授权，视创业领导人的领导风格不同，在发展中的企业，授权泛滥和缺乏授权都是普遍存在的问题，决策层次也受到授权体系的影响；第三，跟随着创业领导人一起走过企业艰难创业阶段的创业元老，或存在功成身退的思想，或存在着自己是创业领导人"糟糠之妻"的思想，总将自己摆在超然物外的境地，如此一来反倒会影响企业的进一步发展。

人力资源管理的瓶颈体现在：第一，不理解薪酬倒挂的现象源自企业内部人力资源的贬值，反倒站在员工的角度认为是企业不够人性化，伴随着互联网时代外部经济环境的变化加剧，以及新技术迭代更新的加速，人才的折旧跟着加速，换句话说不能与时俱进的人力资源，在未来几年内势必会导致企业的薪酬倒挂现象更加明显；第二，人力资源是企业最重要的资源，但并不是所有员工都是企业最重要的资源，二八原则在企业的人力资源上同样适用；第三，成长于新时代的新生代员工逐渐成为主体部分，但很多干部都是更早一个年代沉淀的优秀员工，如何有效地结合新生代员工的压力与激励机制对发展中的企业形成了巨大的挑战。

正是基于以上的瓶颈，非人力资源管理部门干部在履行人力资源管理职责并且在这个过程中提升自己的领导力必须要掌握第三个层次的评价人，也就是定期评价自己与他人的沟通，包括内容、形式和技巧等维度。

二、非人力资源管理部门干部的管理技巧

非人力资源管理部门干部的人力资源管理技巧简单总结就是"使众人行"，使自己团队里的每一个成员都自觉自发地完成工作任务，向同一个目标矢志不渝地努力。"使众人行"是非人力资源管理部门干部乃至所有干部领导力提升到一定程度的结果，也是衡量干部是否具备领导力的标准。这一标准意味干部所管辖的团队将浑然一体，干部在带领团队时如臂指使。

任何一个团队都有其自身的发展阶段和处在该阶段的核心举措，如图2-6所示。一般而言团队从发展阶段来看，可以分为形成期、分化期、稳定期、整合期和成熟期五个阶段，这五个阶段对应着不同的关键目标。形成期的关键目标是群体认同，这个阶段团队的成员可以互相标记关键特征，审视自身是否具备资格与其他团队成员合作，也检验每一个成员是否具备资格与自己合作；分化期是一个关键时期，这个期间团队成员间会进行角色组合，尽量弥补团队短板，重

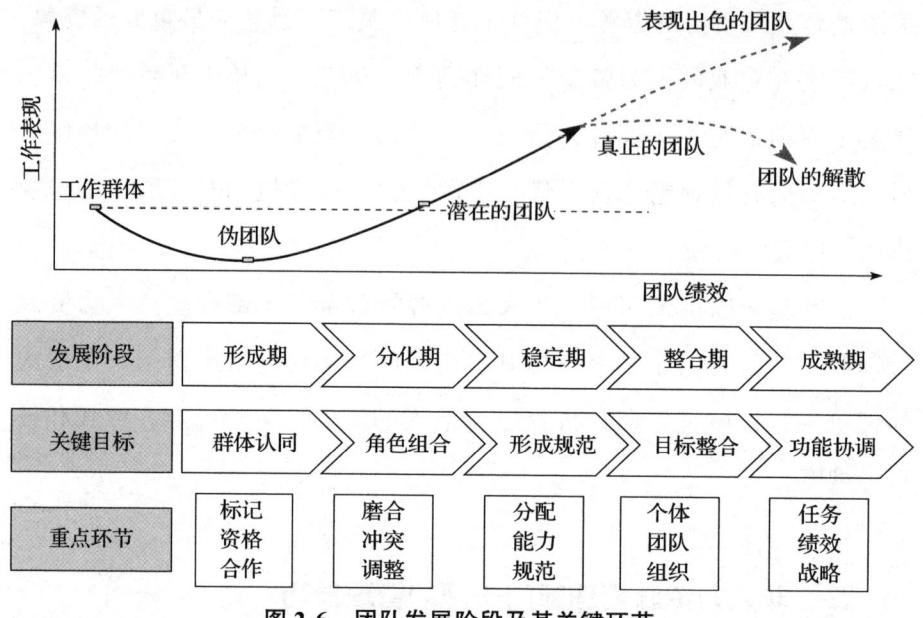

图 2-6　团队发展阶段及其关键环节

点环节在于不同团队成员间的磨合和产生冲突，以及为了消弭冲突而进行的自我调整；稳定期则意味着这一阶段团队要开始形成团队的规范，包括职责、权力和利益的分配，承担任务的团队成员开始按照要求提升自己的能力，并且全体成员开始形成团队的群体规范，并遵照规范调整自身的个性化行为；整合期代表着团队已经是一个真正的团队了，这个阶段的关键目标就是目标整合，用一个长远且有可能实现的梦想来整合团队成员的个体目标，在这个阶段，团队成员已经认可组织利益大于团队利益、团队利益大于个人利益；最后一个阶段是成熟期，这一时期团队的关键目标在于功能协调，团队成员能够互相弥补短板，这种弥补行为已经不需要依赖行政命令而是一种自发行为，各个团队成员已经能够在战略目标下清晰地知道团队绩效体现在哪些地方，并且为了实现团队绩效而自发地安排任务和接受任务。

从工作表现来看，团队从形成期到进入稳定期，呈现出 U 形曲线，意味着团队形成期和分化期，由于信任基础并未建立，团队成员间的冲突、磨合会导致团队的工作表现远低于工作群体。伴随着团队进入到稳定期，工作表现和工作绩效会逐步提升，稳定期的团队依旧只是潜在的团队，真正的团队处在整合期，但整合期的团队面临着两种发展方向，一个是向表现出色的团队迈进，不论关键任务如何变化，出色的团队工作表现始终超出预期并且持续向上，但另一个方向则是走向团队的解散，因为真正的团队意味着每一位团队成员都已经适合团队发展过程中的每一个环节，可以承担起各自组建全新团队的任务和使命。

非人力资源管理部门干部的人力资源管理，是在时代背景下人力资源管理的假设前提发生变化后的一种必然趋势，也是打造干部领导力的一个核心基础步骤，唯有能够妥善管理好自己团队的人力资源管理职责的干部，其领导力才能够获得提升，从而成为企业变革的支撑力量。

■ 小节案例 ｜ 博安通：赋能干部

深圳市博安通科技股份有限公司（以下简称博安通）成立于 2003 年 3 月，从事无线终端天线的研发、设计、生产与销售，立志于成为最具专业水准的无线终端天线提供商。2014 年博安通在全国中小企业股份转让系统挂牌。自挂牌之后，博安通先后将不同产线的供应链搬离深圳，分别成立中山博安通、海南博安通等专门从事生产制造的基地，并在深圳总部加强营销团队、研发团队的建设，内部孵化出创客实验室、公共服务平台,在射频技术研发和实验领域享有盛名;外部收购安信可等在人工智能、AI模组领域小有成就的高科技企业,业务进入依托原有技术深耕产业链的发展阶段。

在全国中小企业股份转让系统挂牌后,博安通先后聘请第三方管理咨询机构实施了股权激励咨询项目和制造端干部绩效体系建设咨询项目,在一系列内部管理变革的契机下,博安通决定通过学习非人力资源管理部门经理的人力资源管理课程,加快干部赋能速度,本着"扶上马再送一程"的原则打造中基层干部领导力。

结合前两期管理咨询项目的干部观念更新和干部管理实践经验积累,博安通组织中山博安通、博安通深圳总部的干部进行集中培训,培训课程安排了一天六个课时,分别为干部的职业化素养、干部变革意识、干部领导力与领导艺术、非人力资源管理部门干部的人力资源管理职责、人力资源管理选育用留的实战技巧、认识团队和团队管理六个模块的内容,帮助博安通的干部尽快完成从业务执行到部门管理的转变。

培训实施后,由博安通总部人力资源部牵头,进行干部的贴身支持与后备干部资源池建设。整个支持活动以月度为单位,第一周进行指定书籍的自行阅读并提交读后感,书籍由人力资源部选定后购买并发放到干部手中;第二周进行部门内部的指定团队建设活动(非集中式),各部门员工依旧需要完成本职工作,但人力资源部会给该部门指定周主题;第三周指定知名企业案例让受训人员自行研究并撰写心得体会,案例由人力资源部挑选并以文字形式发放到各位干部和后备干部手中;第四周训练干部指定的技能(自行训练),一般会循环指定会议管理、团队建设、有效沟通、任务看板、绩效沟通等技能;同时,每周挑选一个周末的时间,将所有干部、后备干部集中起来,组织集体活动。

整个博安通非人力资源管理部门干部的赋能行动持续4年以上，到现在依旧在循环持续赋能。而博安通的干部赋能过程可以理解为三个阶段，第一个阶段是邀请第三方咨询机构前来实施项目，在实施项目的过程中让博安通的干部观察顾问的管理行为和方式，以及工作习惯；第二个阶段是集中学习，即集中所有干部学习非人力资源管理部门干部的人力资源管理、非财务部门干部的财务管理、领导力等课程，邀请外部培训讲师前来实施课程培训；第三个阶段则是内化赋能，通过博安通自身的管理行为来持续赋能干部，持续提升干部领导力，从而支撑博安通的快速发展。从2016年开始，博安通始终以超出行业平均增长的速度发展。

（资料来源：作者根据多方资料整理而成）

第四节 打造干部领导力

如果将企业比喻为一个人的身体，那么高层干部相当于脖子，而中基层干部相当于躯干，脖子和躯干是连接四肢与大脑的枢纽。一个人的身体是否具备足够的力量，四肢发达固然是条件之一，但躯干有没有力量则是四肢有没有爆发力的关键。在企业中道理一样，高层干部、中层干部承担着组织信息"上传"和"下达"的核心任务，是一个企业组织能力的关键。企业的高效运作离不开干部，干部是企业的核心力量，但企业尤其是发展中的企业最为欠缺的就是干部领导力，着重欠缺中基层干部的领导力。

打造干部领导力需要了解干部通用的素质模型，管理咨询领域针对干部管理的产品里有关于干部素质模型的八卦图，如图 2-7 所示。干部素质最内核的特征是责任与激情，即从事管理工作的责任感，以及对事业无限的热情，时间对所有人都是公平的，但不难发现职位越高的干部往往在工作上投入的时间越多，如果不是内心深处对事业的热情支撑，是很难做到全身心投入的。干部素质除最内核的特征外，还包括三种外在的性格特征，分别是系统思维、快速行动和有效沟通。所谓系统思维即不局限于一城一地，不从狭隘的小部门利益着眼，能够迅速获得整体视角，从整体的角度出发考虑问题。所谓快速行动是不畏手畏脚，一旦形成决策便快速瞄准结果展开行动，采取控制措施确保行动过程中不至于偏离最初的目标，以及规避只在思考过程控制而不采取行动。所谓有效沟通是能够与上级、下级共享信息，及时向上、向下反馈行动进度及与目标的偏离度，除这些外，有效沟通还包括能够设身处地与沟通对象换位思考以获得对方的视角和立场，从而确保沟通能够达成合议。体现系统思维的素质要素包括创新意识、战略意识和客户意识三个层面，创新是互联网时代永恒不变的主题，战略是一切思考和行动的指导，客户是企业赖以生存的"衣食父母"。体现快速行动的素质要素包括结果导向、过程控制和执行为先三个层面，结果导向是所有企业行为的核心出发点，过程控制确保行动与目标不至于出现太大的偏差，执行为先是规避因为思考太多而滞于行动。体现有效沟通的素质要素包括信息共享、及时反馈和换位思考三个层面，信息共享能在一定程度上降低信息在传递过程中的耗散和丢失；及时反馈能够确保企业上下对行动进度及时把握；换位思考是一个比较高难度的素质要素，也是一个知易行难的素质要素。

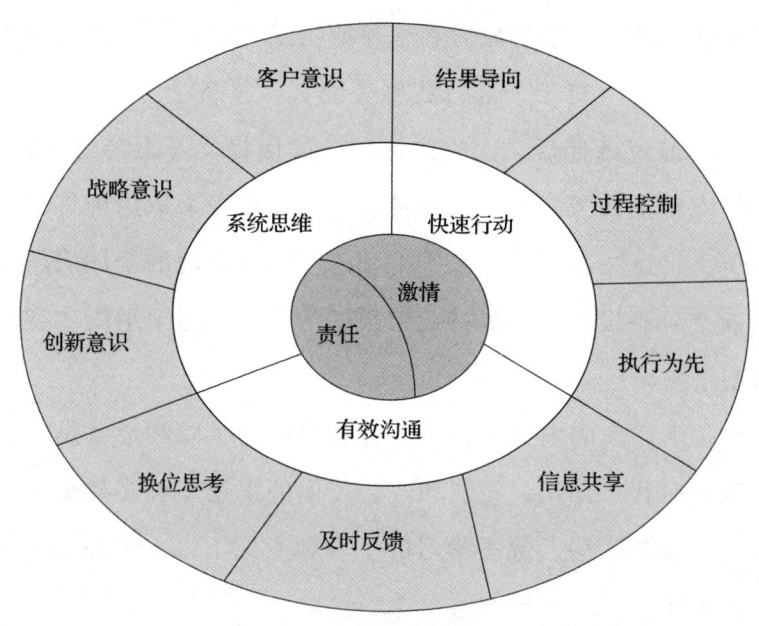

图 2-7 干部素质模型的八卦图

通过对干部素质模型的解读，不难发现打造干部领导力无非就是修炼自我与影响他人两个途径，符合中国传统文化中儒家"修身、齐家、治国、平天下"理念。干部领导力完全可以参考儒家对儒生的要求来进行，无非是将"天下"映射到市场，"国"映射到企业，"家"映射到部门或者团队，"身"映射到干部自身。

一、干部自我修炼

干部领导力的自我修炼有一个关键的前提条件，即干部自身要具备学习能力。学习能力属于"冰山"以下的素质类型，企业在实践中无法清晰且直观地识别，因此往往用学历背景来衡量，在中国的实际情况下，名校高学历并不意味着一定具备高学习能力，但至少证明过去的学习能力要强于其他人。在《领导学》中，学习能力用学习力来表达，指学习动力、学习毅力和学习能力三个层面，已经超出通常概念中的学习能力。对于干部自我修炼而言，具备学习力是前置条件，在具备这个前置条件后，面临的问题是如何将学习力转化为竞争力。学习型组织理论认为一个干部具备学习力且积极采取措施将学习力转换为竞争力，意味着这个干部所带领的团队或部门的全体成员会受到影响继而全身心投入并获得持续增长的学习力，这个组织才有可能变成学习型组织。

在具备学习力的前提下，干部自我修炼的手段和形式是多种多样的。互联网时代，知识、技能和经验传递的渠道多种多样更加丰富了干部修炼自我的手段，除去学习的手段和形式不说，干部修炼有三个原则需要把握。

1. 利用碎片时间学习

身为企业的干部，即便学习力再强，也很难抽出完整的时间学习和自我提升，毕竟身为干部，肩负着组织内部信息上传下达的任务，普遍都是处在忙碌之中。在这种背景下，干部要抽出完整的时间来进行自我修炼是一个比较奢侈的愿望，只能充分利用碎片时间来进行海绵汲水式的学习。

互联网时代下信息技术日新月异的发展，为干部利用碎片时间进行学习提供充分的技术基础和应用条件，如微信公众号、微博终端等，还有其他一些信息传输的渠道，如很多APP将海量的书籍内容电子化，存储在手机里，利用等待、休息、路程上的碎片时间，可以让干部断点式阅读。

当然，在信息技术日新月异的当前时代，虽然倡导干部们利用碎片时间进行自我修炼、自我学习，但应用的多样化也容易让干部一不小心就将完整的时间碎片化了，如微信朋友圈的碎片时间社交，抖音、微视等超短小视频应用也会让时间轻易消逝得毫无痕迹。

2. 自律是底线的要求

自律是干部在自我修炼过程中最底线的一项要求。这里提的自律不是上升到道德层面的品德，而只是自我约束的控制力。很多干部都会在内心默默地告诉自己，从明天开始学习、严格要求自己。中国明朝诗人曾在《明日歌》里写下诗句："明日复明日，明日何其多。我生待明日，万事成蹉跎。"什么事情都推到明天来处理，就是一种缺乏自律的表现。

自律是一种自我约束，是一种自我监督，自律不仅体现在一经决定立即行动，还体现在整个行动的过程中要矢志不渝地坚持，要抵挡得住其他事情的诱惑。学习是一件枯燥、乏味的事情，远不如玩游戏、唱歌等娱乐活动有吸引力，如果不够自律，那么干部自我修炼内在就无从谈起。

3. 培养良好的习惯

良好的习惯是多方面的，干部自我修炼内在过程中比较好的习惯包括坚持重复和定期反省两类。管理学早些年提及的1000小时定律，指一个人即便在某一领域一无所知，但是认真地投入1000小时后，也可以成为这一领域的专家。假设每天投入1小时有效时间，1000小时正好是3年整，换句话说用上3年时间，可以从一个领域里的小白成长为专家，前提是坚持每天投入1小时有效的时间在这个领域上。

写日记是一件企业干部认为并不是特别难的事情，但难就难在每天坚持且每天都有内容。曾有一位企业高管，每天写日记姑且不说，还在工作中坚持记工作日志8年整，且采取的形式是任务清单，每一项没有在当天完成的工作事项后面都小字标注原因及改进计划。与他同期进入该企业的其他人员或离开或晋升，但能够用8年时间成长为企业高管的仅有他一人。

海尔集团创始人张瑞敏提出过很多海尔管理模式或工具或方法，其中有一个叫日清日毕，姑且不论海尔集团的管理实践有多大的价值，也不去看海尔集团在各种管理模式下的经营状况，日清日毕在干部自我修炼的过程中，可以作为培养良好习惯的一种手段，但需要注意的是不要为形式而形式，需要有自己的反省及改进计划，否则用日清日毕思想记上100年的任务清单，也不见得能有所长进。

在互联网时代，学习已经成为不可忽视的一种需要，很多干部能够看到企业内部存在的薪酬倒挂现象，却很少有干部能够意识到薪酬倒挂现象的产生有可能是企业内部的老员工价值折旧了，因为他们的知识结构并没有跟随着外部多变的环境进行更新，而是在企业相对稳定的环境下依旧保留在入职阶段的状态。干部自我修炼本质上是一个自我对话、自我约束和自我激励的过程，即便企业具备足够的资源来为干部自我修炼提供便利的环境和工具，但能否获得成功依旧看干部自身的意识和行为是否到位。

二、干部外部影响力打造

与干部自我修炼不同，干部领导力外部打造的方式和方法有很多，很多企业都在执行不同的干部领导力提升计划，归根结底只有一句话，那就是多维度地提升干部在企业管辖领域的内外部影响力。在企业内部，干部的影响力来源于两个层面，一个是权力影响力，另一个是非权力影响力，包括人际关系、人格魅力、与下属的情感等方面。

1. 干部的权力影响力

干部权力影响力实际上是企业最容易帮助干部打造的，明确干部的职责、权力和利益（责权利）就是最简单也是最基础的一种操作。《论语·泰伯》里明确说："不在其位，不谋其政。"体现出中国人对于权力影响力的一种原始认知；《论语·子路》里又说："名不正则言不顺，言不顺则事不成。"很多企业家想要用某位干部承担某项任务，但出于各种各样的考虑又不愿意将这位干部扶到正位，通常挂一个副职或代行某项职权的形式来替代，最终任务没有完成却得这位具体负责实施的干部来担责，这一现象虽然不合理，但在企业中却普遍存在。

很多企业的人力资源管理咨询项目实施之前一般会进行人力资源管理现状诊断，得出"责权利不对等"结论的企业十有八九，想要干部成长却不愿意给予干部权力影响力。权力影响力会随着干部的职位高低及权力大小而发生变化，普遍的认知就是企业组织内部，职位越高权力影响力越大；与老板的关系越亲近，权力影响力越大。在任何一个企业中，即便做了完全授权，老板的权力依旧是最大的一个，职位越高距离老板越近，另外还有非职位原因导致的距离老板越近，他们在企业组织内部的影响力就会越大，这些都是权力影响力的具体表现。

要提升干部领导力，企业能做的、成本最小的努力就是授予干部权力，如将部门的用人权、财务审批权、激励建议权授予给部门干部，部门干部瞬间就在这个部门内拥有极其巨大的影响力。当然任何权力授予出去，都需要有对应的监督机制确保将权力关进"笼子"里，避免被滥用。对于企业而言，授予各级干部权力是为提升干部的权力影响力，从而打造干部领导力，但对权力使用的监督机制同样不可或缺。

2. 干部的非权力影响力

干部的权力影响力来自组织赋予，而非权力影响力则来源于干部的个人品德、与人交往中展现出来的能力与知识水平，以及在与下属间共同度过的时间中所形成的情感因素等。这三者间并没有绝对的重要性排序，但普遍认为个人品德对于干部的非权力影响力的关联程度最高，同时普遍认为情感因素是干部非权力影响力最可靠的关联因素。

所谓个人品德指的是干部的道德品质、人格、行事作风等，这些要素在干部的日常语言、行为中体现，可以轻松和清晰地被下属感知。一个干部具有下属普遍认可的优良品格，如公道正派、严于律己、无私奉献、以身作则等，会使直接下属敬佩，干部就会更具号召力，对应其影响力也更大。《论语·子路篇》里说："其身正，不令而行；其身不正，虽令不从。"谈的是干部非权力影响力中的个人品德因素。

与人交往中展现出来的能力与知识水平因素是一个宽泛且难以被感知的因素，需要干部与直接下属长期共同面对任务、共同面对困难才能够被感知。这里的能力与知识水平不仅包括文化知识、专业知识、法律知识、思想政治水准等，同样还包括干部处理问题的能力、人际关系处理能力、危机处置能力等。当干部具备比较完整的知识体系，在与直接下属共同面对困难时表现出来的优秀的处理问题能力，会自然地带给下属一种信任感，姑且不论这种信任感是盲目的还是理性的，直接下属一旦对干部产生这种信任感，干部对直接下属的非权力影响力便油然而生。

所谓情感因素是指干部与直接下属在日常的交往和工作交互中所

建立起来的情感纽带，人都有情感，平时干部体贴关心直接下属、平易近人、和蔼可亲，使上下级间的感情融洽，能够带给直接下属一种亲切感，这种亲切感会成为干部对直接下属的非权力影响力。目前，很多企业都会给部门一定额度的部门活动经费，目的是让干部带领团队成员进行集体活动，这种集体活动会增加干部与下属共同度过的时间，情感因素也会在这样的活动中累积起来。

干部在提升非权力影响力的过程中，不仅要立之以德、展之以才，还要动之以情、以情感人。"士为知己者死"曾一度作为中国传统文化中人才被重视后的最高规格回报，强调的是干部与人才间的情感纽带。当然作为干部的非权力影响力，并非单独作用于自己的团队，在企业内部平行部门，甚至上级部门中，干部的非权力影响力同样重要。

干部领导力目前还处在研究中，不同学者对领导力的理解不一样，不同企业对干部领导力的理解也不一样，打造干部领导力是基于企业面临外部多变的市场环境，以及内部变革需要支撑的目的而进行，因此手段、方式不一而足。但不管企业采取何种行动和方案来打造干部领导力，干部自身的努力始终都是干部领导力能否打造成功的关键。

■ 小节案例 ｜ 上海通用：推进领导力发展

上海通用汽车有限公司（以下简称上海通用）成立于1997年，由上海汽车和通用汽车一起出资组建，在全国共有四大生产基地。上海通用秉承"以客户为中心、以市场为导向"的经营理念，主要以汽车整车为主要产品，产品覆盖高端豪华车到经济适用车，是中国汽车工业的重要领军企业之一。进入21世纪后，以移动互联网为特征的信息化时代对汽车制造型企业带来全新的挑战，过去依靠掌握特定知识而长久维持竞争优势的时代一去不复还，企业间在产品、服务和内部管理上越来越趋向于同质化。为摆脱信息化时代同质化带来的利润下行，上海通用通过推进领导力发展，重塑人力资源价值，使上海通用的人力资源部门成为构建企业组织能力的重要推动者。

首先，上海通用人力资源部更新了领导者特质模型。2000年，上海通用已经通过对领导者提出一些基本要求而构建领导力特质模型。新时代下人力资源部认为上海通用的领导力应该还需要具备改善组织氛围、提升组织绩效及倡导正确的价值观取向等功能，基于上述考虑，上海通用在2013年升级了领导者素质模型，称为2.0版本。

其次，上海通用致力于构建公司上下对领导者素质模型的共识。新版领导者素质模型构建的过程就已经将上海通用各部门的领导者纳入进来，充分研讨后才最终确定，因此一经推出就在上海通用的高层获得共识。但领导者素质模型还需要对下形成牵引作用，上海通用的人力资源部门将新版领导者素质模型印刷成册，给全员人手一册，并定期组织考试校验全员对新领导者素质模型的理解和认同程度。

最后，上海通用在内部搭建起领导力发展平台。对上海通用不同层次的干部，人力资源部制订了领导力差异化发展目标，开设不同的领导力发展项目，这些项目组合在一起形成上海通用的领导力发展平台。在这个平台下，领导力培训项目围绕真正实现领导行为能力提升而展开，不搞形式主义，包括领导者后备梯队的行为能力训练计划、新任经理领导力发展项目、资深经理领导力发展等。

经过上海通用领导力发展三步走的战略，上海通用将领导者素质培训体系从单纯的学习提升平台拓展为内部跨部门沟通网络与协调平台和有潜力人才的考验评价平台，也是一个非正式的晋升考核平台。

通过领导力发展的推动，上海通用的人力资源部门完美地实现了转身，重塑不同于过去选育用留的传统价值，成为上海通用所有干部的战略伙伴；通过对各层级干部的赋能支撑，最终实现人力资源成为企业业务的战略伙伴。

（资料来源：作者根据多方资料整理而成）

第五节　领导艺术

领导力研究走在前列的是西方学者，其理论有很多，包括特质学派、行为学派、情境学派、变革学派、魅力学派、自我学派、替代学派、执行学派、追随学派、生态学派等，各个学派均有一定的研究成果，但各个学派对领导力是天生或可以后天培养尚无定论。中国对领导力的研究，部分研究者直接在国内演绎西方学派的观点，部分学者结合中国传统的儒家、道家、法家、兵家、墨家等诸子百家的观点进行研究。就目前来看领导力的研究依旧是百花齐放、百家争鸣的阶段。

结合中国企业变革实践来看，在中国谈领导力，尤其是谈企业干部的领导力，离不开中国传统文化里的权衡文化，可以简单地理解为中国权衡文化的要点是不走极端，批评"中庸之道"的声音很多，唯有对中国文化深入研究才能体会到中庸文化"执两用中"的独特魅力。

从关怀和控制两个维度来看干部的领导行为，干部对下属的领导行为可以分为四个类型，如图2-8所示。如何组合这四种行为就是领导艺术,在中国企业内谈干部的领导艺术,始终脱不开中国文化这个背景。

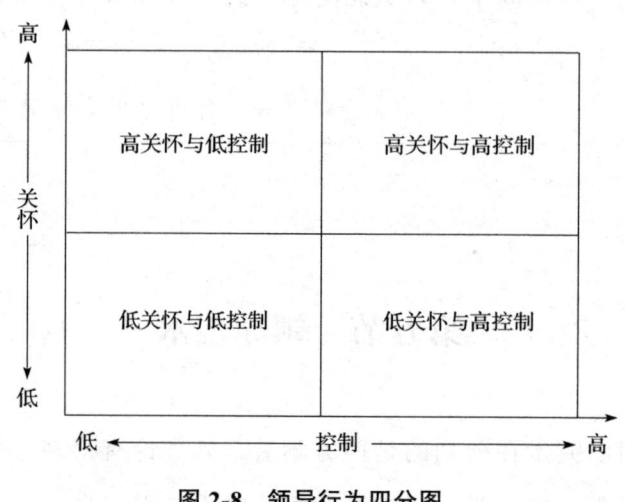

图 2-8　领导行为四分图

一、领导艺术的最终结果

谈到中国传统的处世思想,兼爱、非攻、和谐、共存等词语出现的频率较高,传统农耕文明已经将这些不是特别激烈的词语铭刻到中华民族后代的基因之中,与西方的渔猎文明存在非常大的区别,最近一百年来中国向西方学习了很多东西,特别是在企业管理方面,但实际上西方也在开始学习东方的智慧,如美国西点军校已将中国的《孙子兵法》列入参考读物。

在中国古代,封建帝王必须掌握的一门学问叫作帝王心术,这门课程迄今没有一本正规的教材问世,但深入研究中国封建王朝的历史,所谓的帝王心术就是在臣子中间玩平衡、玩制约。作为企业的干部,要训练自己的领导力,采取的任何领导行为所要达到的效果是使所管辖的团队和部门能够在企业这个更大一级的组织中发挥出其应有的价值，高效率地完成企业赋予团队的工作任务，关系和谐是一个最基本的前提。企业经营活动中资源是有限的，不同部门的干部在资源争夺上先天存在利益冲突，这也是很多发展中企业存在部门墙的核心原因之一。所以干部在处理内部关系、跨部门关系、对上关系的时候，要充分考虑和谐，企业内部级别越高的干部做出决定时越不能走极端，否则带来的伤害不只是干部自身，甚至会危害整个企业。

二、领导行为是一门艺术

技能与艺术的核心区别在于，技能一般会存在操作指引或操作经验传承，第一步该做什么、第二步该做什么，进行到某个阶段时可能会遇到什么问题，应该采取哪种方式应对和防范等。艺术则属于主观的社会性学科，写一首诗可能憋上10年写不出来一个字，但偶尔灵感来了轻轻松松写出数百行。技能一般会有一个公允的判断标准，做到哪一步就可以达到一个什么样的技能熟练级别。艺术则不然，同样一幅画，有人认为是小儿涂鸦，也有人惊为天人。

看待领导行为时，应该将领导行为视为一种艺术而不是一种技能。在领导力的学术研究中，领导方式、领导模式、领导类型、领导风格在一定程度上属于同义词或近义词，而领导艺术则是这些内容的组合体。

在西方学界领导力的特质学派、行为学派、情感学派中，关于领导行为是一种艺术的研究比较多。在中国文化背景下的企业干部的领导艺术，首先是确定领导行为没有定式，适合企业的就是最好的；其次是瞄准了领导行为的结果是构建团队和组织的和谐关系，领导力的管理对象是关系而不是具体的人或事；最后是要向对待灵感一样来对待干部的领导行为，不要以固有的标准和模式来衡量干部在打造领导力过程中的好坏。

在互联网时代，企业的变革将越来越频繁，干部领导力必须基于企业变革而进行打造。不只是企业的变革需要企业的干部拥有领导力，时代发展带来的雇用关系变化、新时代下企业员工群体特征的变化同样需要企业更多的领导力均衡地分布在企业组织架构的关键节点位置上，也就是企业的干部们身上。

小节案例 | 顺丰快递：护犊子的王卫

顺丰快递成立于1993年的广东顺德，2017年顺丰快递在中国中小板上市，是中国比较有名的快递物流综合服务企业，以快递速度闻名于消费者。顺丰现在已具备起为客户提供一体化综合物流解决方案的能力，在提供配送端高质量物流服务的同时，还延伸至前端的产、供、销、配等环节，以数据为基础，充分利用互联网时代的技术和工具，为客户提供智能仓储管理、销售预测、大数据自助分析等业务领域的解决方案。除此之外，顺丰还是一家具有网络规模优势的智能物流运营商，拥有对全网络强有力管控的经营能力。

2016年4月中旬，北京一名顺丰快递的基层员工无辜被殴打并被曝光到网络，随即顺丰总裁王卫高调发声："我王卫向着所有的朋友声明！如果这事不追究到底，我不配做顺丰总裁。"无论外界如何评价这件事情，但是顺丰总裁王卫第一时间高调发声，还是迅速圈起一波粉丝，王卫暴怒发声用中国人的俗语来表达就是"护犊子"，由此可见"护犊子"的领导风格还是广受基层员工的喜爱的。

事件发生后，顺丰官微也第一时间发声："我们的快递小哥大多是20几岁的孩子，他们不论风雨寒暑穿梭在大街小巷，再苦、再累也要做到微笑服务，真心希望发生意外时大家能互相理解，首先是尊重。我们已找到这个受委屈的小哥，顺丰会照顾好这个孩子，请大家放心。"与总裁王卫的发言对比起来，官微的发声更理性、更将自己摆在弱势群体的位置，本质上快递员这个职业在目前中国的社会中社会地位确实不受重视。

但劳动无贵贱，只是分工不同而已。回到顺丰快递员被殴打这一事件本身，王卫的"护犊子"折射出顺丰领导风格或领导艺术的一面，事后证明这起殴打快递员事件背后确实隐藏着职业歧视，但王卫第一时间暴怒发声，换来的是无数顺丰快递员肝脑涂地的追随。

领导力本身要产生的最终结果是使众人行，而其中的一个必要过程就是领导者身后有人追随，西方学者在研究领导力时，形成了专门的追随学派。中国学者研究领导力更简单地指出领导者与追随者间的领导与被领导关系就是"没有爱护就没有拥护"！

简而言之是领导爱护追随者，追随者自然会拥护领导。领导与管理是两个彼此联系又略有不同的概念，领导的内涵比管理的内涵更深一个层次，或者说领导行为中包含管理行为，但管理行为并不一定是领导行为。

领导行为的各种组合可以理解为领导艺术，艺术没有严格的对错，核心在于领导行为带来的后果，从后续社会反响来看，王卫身为顺丰快递总裁，在遭遇顺丰快递员被殴打这件社会性事件之后所采取的领导应对行为符合中国公众对于领导的期望值，所获得的社会效果也显而易见。

（资料来源：作者根据多方资料整理而成）

章末案例　　华为：三权分立的干部管理

1. 公司介绍

华为技术有限公司（以下简称华为）是任正非于1987年集资2.1万创立的，经历30多年发展如今已经是全球领先的ICT（信息与通信）基础设施和智能终端提供商。华为的成长史就是不断追赶和超越竞争对手的历史，励志的华为逐个击破自身领域的世界级竞争对手，一步步走到了整个行业的前列。

华为技术有限公司是一家由全体员工共同持有100%股权的中国民营企业，通过内部的员工持股计划持有华为技术有限公司股权的全球员工高达10多万人。在进入21世纪后营业规模始终保持年度增长30%以上，并进入到世界五百强企业的榜单。

华为始终维持高速度成长的关键，被普遍认为与华为高薪聘请管理咨询机构为其量身打造管理体系有关，也被普遍认为与华为的灵魂人物、创始人任正非的人格魅力和领导才能有关，当然也有部分研究者认为与华为分配机制的关系更加紧密一些。不管外界如何认为，每隔一段时间外界总能从华为内部听到任正非对华为未来担忧的声音，如早些年的"下一个倒下的会不会是华为""华为的严冬已经来临"等，虽然任正非充满危机意识的预言并没有成真，但从中不难发现任正非始终不希望华为全体员工躺在过去的功劳簿上，而是要充满危机意识地拼搏奋斗。

客观来说，任正非能力再大也不可能一个人撑着偌大的华为，华为能够屹立在强敌环伺的世界市场上，与华为全体员工的拼搏奋斗息息相关，尤其是华为的干部。在中国ICT行业内，华为的溢出人才永远都是最抢手，尤其是在华为待满一定年限的溢出人才更是供不应求。

从这个市场现象倒推，华为的人才管理尤其是干部管理存在一定的先进性，至少能够确保人才在进入华为一定时间后，即被深刻地烙上华为的烙印，带有鲜明的华为性格特色。

2. 猛将必发于卒伍

华为干部管理体系的建设最早可以追溯到1996年，彼时华为正邀请国际知名咨询机构Hay Group为其打造人力资源管理体系。从华为干部管理体系开始运营到现在，20多年时间内，华为并没有对干部管理体系进行大的调整，这与任正非强调"削足适履"的故事相关，但更说明目前华为进行的三权分立干部管理体系足够先进，还能支撑华为的高速发展。

华为管理体系的研究者都清楚，华为机关总部有干部管理部，专门负责干部管理的事情。但更细致地分析下去，华为干部在不同条线均有更为细致的管理规则。第一是资源线，资源线干部的管理区域是指挥中心，负责市场开拓的各种权限，各业务组（BG）作为人才的资源池，协同区域作战；片联负责推动干部循环流动机制，具备干部的使用权，但却没有市场开拓权限，也不直接管理项目。第二是业务线，业务线干部的管理分为ST和AT。ST指经营管理团队，成员由BG所在区域一级部门的一把手共同组成，主要是针对业务活动、业务事项；AT指行政管理团队，成员从ST成员中选拔，职权范围是对所有跟评价人相关的工作拥有权利，如干部选拔评议、绩效考核、调薪、股权发放等。第三是专业线，专业线干部的管理涉及人力资源部和干部部两个部门，其中人力资源部负责人力资源规则和政策制定，属于总政策部、规则部；干部部负责干部任职资格、评审和选拔等具体事项，属于对口部门。

华为干部的选拔与所有企业不一样，是以责任结果为导向而不是以素质为导向，其选拔的标准中绩效是必要条件和分水岭，核心价值观是基础，能力是关键的成功要素，品德是底线，满足以上四个标准才有可能在华为被提拔为干部。除此之外，华为的干部选拔还有四个独特的做法，第一是华为干部一定要从基层一线上来，没有基层一线成功实践经验的人员在华为不可能被提拔为干部；第二是华为干部流动频繁，不仅是内部流动到不同职能、不同岗位上担任干部，还包括向其他区域的流动等，曾有人戏言华为的干部一旦在工作地安置家庭成员，那么第二个月他必然会被调离已经安置好家庭的城市；第三是华为的干部是公司的资源，而不是下属某一个机构或部门的资源，华为不允许干部只在某个部门或系统里面循环；第四是华为的干部能上能下，所谓能上能下就是既能升职也能降职甚至是撤职，华为每年都会对干部进行强制末位淘汰，意味着每年每个层级将有10%的干部被强制淘汰出干部队伍。

3. 板凳要坐十年冷

华为始终坚持薪酬领先政策，使华为与其他企业比较起来，可以在员工入口阶段获得比其他企业更大的竞争优势。在校招过程中，华为会将某些专业整班乃至整个专业包圆招聘回来。新员工进入华为后，普遍安排在研发领域，继而随着工作时间推移会逐渐向营销端、产品端转移，从华为坂田基地向国内其他研发中心转移，从国内向国外转移，从国外发达国家向发展中国家转移等，在华为内部转了一大圈后，才有可能回到位于深圳龙岗区的坂田基地，或位于广东东莞的松山湖基地。

得益于薪酬领先政策及华为持续高速增长，华为的人才成长速度非常快，大量能力提升上来的人才却没有足够的管理岗位，于是通过专业线的职业通道解决一批，还有一批需要接受后备干部的专项训练，训练满后再等待上岗的机会，比起其他企业而言，华为每年固定淘汰各级干部的 10%，其后备干部资源池里的待上岗人才还是比其他企业多一些机会。

华为的干部后备人才梯队主要聚焦于两个来源，第一是关键岗位群，这个干部储备池是华为借鉴 IBM 的继任计划而设立，主要是为华为组织内部的关键岗位进行储备，如在市场体系里有"大T部长"和"国家代表"两个关键岗位，那么这两个关键岗位覆盖的上百个岗位从业人员就会成为这两个关键岗位的储备干部，一旦出现职位空缺便在这上百个岗位的任职者中进行集中选拔；第二是后备干部资源池，据华为流传出来的资料显示，华为的后备干部在资源池分三级储备，资源池内的人选胜任程度借助干部任职资格评价，能够胜任就能够出池，当一个目标岗位出现空缺时，可以直接从准备度已经完成的出池人才中选拔合适的人才上任。针对华为干部，华为有一整套的干部管理策略，如图 2-9 所示。

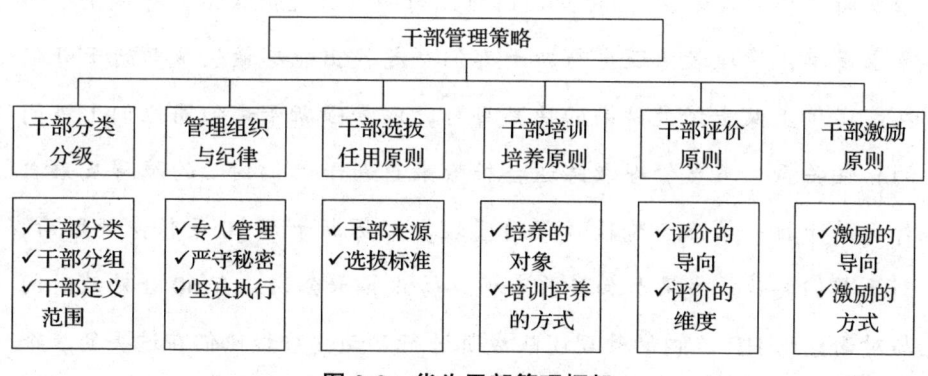

图 2-9 华为干部管理框架

4. 扶上马再送一程

华为的干部虽然强调在实战中成长，但对即将上战场的华为干部，华为的做法还是比很多企业要强。华为有一个新干部 90 天转身计划，前些年刚刚流传出来时，曾一度引发国内企业的热情追捧。这个计划有点类似"新官上任三把火"，只是这三把火都是华为人力资源部和干部部规划和设计好的，第一把火是让华为的新干部知道自己该干什么，第二把火是让华为的新干部具备干什么的能力，第三把火则是对华为新干部的工作结果进行审视。

整个华为新干部90天转身计划包含三个部分，分别是角色认知、转身和任前管理。第一个阶段角色认知是华为新干部们必修的培训项目，从最基层的项目主管到更高级别的区域业务领导人都需要在90天里完成。而计划中的训练者会帮助华为新干部们分析在新的管理岗位上要承担哪些关键角色，为了履行好这些关键角色新干部们应该展现哪些关键行为，以及为了支持这些行为新干部们需要发展哪些能力；第二个阶段转身是指华为新干部们在这90天内会被分配到一位除了导师以外的管理教练，管理教练会帮助新干部们分析从哪里开始了解新的环境，如何识别该岗位的利益相关人并建立互动关系，管理教练会帮助新干部们规划90天转身期内与上司的5次关键谈话，并提供谈话要点清单，管理教练还会与新干部们一起找出能够最快帮助新干部们在新岗位上做出绩效结果的快赢目标，以加强新干部们同他们上级间的信任关系，当然管理教练还会排除来自新干部们内心的障碍及来自外部的干扰；第三个阶段是任前管理，经历新干部90天转身计划后，新干部们要带着成果参加任前审视或转正答辩会议，有60分钟的时间与对面包括HR在内的管理团队成员进行互动，告诉他们在过去的3个月里新干部和新干部的团队做了什么，带来了哪些改变，创造了什么价值，以及未来的业务策略等。

甚至于部分位置还要加入一个PK阶段，只有PK赢了的干部才能真正笑着走上干部的岗位。

5. 结论与启示

华为成立干部部是中国企业里的一种创新之举，在成立干部部之前，任正非在 2018 年时曾提出："把原来在人力资源部具体管人的权限拿出来，建立一个总干部部。华为现在的人力资源部的权力中心化，容易'指鹿为马'。未来华为的人力资源体系分为人力资源部体系和干部部体系两个系统，这样可以更好地贴近业务，把人管好。"而在谈到人力资源部和干部部的关系时，任正非比喻道："人力资源部体系就像是长江的河道，其职责是管好两侧的堤坝；干部部体系的职责是管好水里的船和人，让船及人在河道内的主航道里航行、竞逐。"

华为在干部管理层面的实践，一方面将其从人力资源管理的职能中剥离出来，放大了干部管理在企业经营活动中的价值；另一方面也确保干部部术业有专攻，可以专门从事华为内部干部领导力打造的工作。从华为 30 多年发展的成果来看，华为干部管理体系为中国所有的民营企业竖立了一个标杆案例，也从一定程度上证明干部领导力能够支撑企业战略目标的实现，甚至是支撑企业战略目标实现的核心抓手。

（资料来源：作者根据多方资料整理而成）

第三章

激励机制建设

MECHANICS

| 开章案例 | 腾讯：用激励影响员工

1. 公司介绍

深圳市腾讯计算机系统有限公司（以下简称腾讯）是 1998 年 11 月由马化腾等 5 位创始人共同创立，最初进入公众视线是一款即时交流软件 OICQ（后改名为 QQ）。即便现在外界对 QQ 的创新性依旧存在质疑，但这并不影响经历 20 多年发展后，腾讯成为中国用户数量最多的互联网公司。时至今日，腾讯旗下的移动互联网终端即时通讯软件微信，成为中国人乃至世界上很多国家和地区民众不可或缺的一款应用。2004 年 6 月，腾讯在香港联交所主板公开上市；2019 年 7 月，《财富》世界 500 强中腾讯排名第 237 位。

2. 互联网企业激励特征

外部对腾讯创新能力的评价历来存在争议，对腾讯取得成功的因素也众说纷纭，普遍认为是得益于互联网浪潮在中国的发展，但不能否认的是，腾讯是一家成功的互联网企业，吸引、聚集和保有大量知识型员工是其成功的必备因素。

互联网在中国的发展经历了信息化阶段、网络化阶段和互联互通阶段，不同阶段互联网的特征和核心任务并不完全相同，对互联网企业内部运作机制和管理机制的要求也各不相同。不管行业特征如何变化，互联网企业中人力资源都是一种核心资源，处理好互联网企业的员工关系，做好互联网企业的员工激励是互联网企业必须面对和解决的问题。腾讯技术族的基本年薪相较于同行业而言已经处在相对高位，如图 3-1 所示，外加其他各种中长期激励机制、福利制度等，使得腾讯对互联网技术人才具有较强的吸引力。

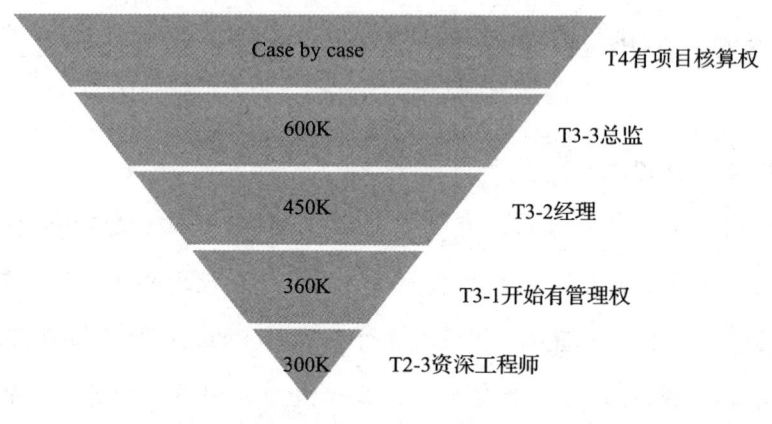

```
Case by case      T4有项目核算权
600K              T3-3总监
450K              T3-2经理
360K              T3-1开始有管理权
300K              T2-3资深工程师
```

图 3-1　腾讯技术族的基本年薪（单位：元）

腾讯作为一家中国比较早成立的互联网企业，并且主要发展的业务都在互联网领域，同样面临着互联网企业的员工激励问题。知识型员工对未来的成长空间、个人的职场增值更为看重，注定互联网企业的激励不能单单盯着经济激励设计，需要更加全面地考虑激励对象的复合性需求。

3. 不干涉，仅影响

腾讯认为人才培养需要依靠员工的自我驱动，而不是企业强制驱动。实际上成年人的学习依靠传统学校的课堂教学已经效果甚微，而发自内心的需要型、兴趣型的学习在成年人教育中反而可以获得良好的效果。腾讯内部不要求员工完成任何培训，员工对自身接受的培训类型有完全自主选择权。腾讯也通过委员会鼓励员工提炼、完成自我选择要学习的课程，通过平台提供学习课件及案例，也鼓励员工将自己学习的心得和成果固化为新的课件进行分享。

为避免员工自行选择的学习方向与腾讯要求和倡导的方向偏离，腾讯聘请第三方咨询机构为所有员工搭建了合适的职业发展通道，并在职业晋升路径上设置对应的知识和技能要求，腾讯员工可以对照职业发展路径要求自行寻找学习资源，自己选择学习方式，最终达成学习效果。

腾讯员工一旦走上管理岗位，将面临着更为专项的发展计划，需要员工自行去学习和提升，腾讯人力资源部门只提供资源和效果评估的服务。在腾讯内部，员工的职业发展与收入的高低直接相关，甚至其他专项激励也与职业发展息息相关，通过这样的机制，腾讯并不干涉员工对于发展的选择，却对员工的发展有着强大的影响力。

4. 自选式激励组合

腾讯并非单靠职业发展来影响员工，通过职业发展来影响腾讯员工的基础是腾讯的基础薪酬水平处在相对高位的状态。腾讯的基础薪酬是典型的岗位价值、绩效表现、个人能力与市场薪酬水平结合起来的3P+1M薪酬体系。即科学评估不同岗位对于腾讯价值创造过程中的影响因素，从而确定不同岗位的薪酬级别；对标市场水平，取相对高位的水准确定腾讯内部的基准薪酬水平；以人与岗位适任程度的能力水平确定在同一薪酬级别中，具体员工的薪酬所处档位，这些档位薪酬会围绕级别薪酬标准上下波动；以量化的任务作为绩效目标，以量化的结果确定员工的绩效系数，最终确定每一位员工每个月实际拿到的薪酬数额。

从创立开始，腾讯就坚持使用团组化，对各个部门进行虚拟独立核算，在标准清晰的前提下，部门拥有有限的利益分配调整权。并且会用调查问卷的形式了解员工对管理层的评价，避免管理层滥用有限的利益分配调整权。利益分配机制需要由管理层进行宣讲，对所有的员工都是透明和公开的，员工可以在利益分配机制的影响下选择自己努力的方向和程度。

腾讯有很多领域的高手，会设置专项的激励来吸引员工加入项目，这些项目不仅涉及利益分配，更重要的是会通过这些项目机会培养和成就参与进来的员工。中长期激励和股权激励在腾讯的激励体系中虽然有，但并非全覆盖式的激励，而是员工可以自选，自选的前提是达到这些激励机制所规定的门槛条件。

5. 结论与启示

腾讯的文化里从来都不鼓励员工加班，但位于深圳科技园的腾讯总部大部分时间是彻夜灯火通明，原因在于腾讯并不强制员工而是通过激励机制的建设去影响员工做出符合腾讯公司倡导方向的选择。2018年，作者参观腾讯位于深圳高新区的新总部大楼时，发现新的总部大楼为员工活动设置了三层的专门区域，不仅有服务完善的咖啡厅、图书馆，而且内部有完整的室内跑道，甚至还有10米高的攀岩墙。通过这种办公环境的投入和打造，腾讯将办公场所变成员工最喜欢待的区域，员工自然愿意下班不回家。

腾讯的激励机制建设与实施能够为中国互联网企业甚至是其他不同行业的企业提供参考。如腾讯一样制定出具备吸引力的薪酬体制，并在具体的激励组合上兼顾精神和物质两个层面，通过激励的影响力去帮助员工选择最符合公司发展需要的努力，充分调动和激发全体员工的积极性和能动性，能够真正实现激励的目的。

（资料来源：作者根据多方资料整理而成）

在互联网时代，企业内部变革或管理升级，需要具备领导力的各层级干部承担各项具体的管理职能和落地执行，因此如何激活干部，使干部积极主动地发挥自身在组织内部的影响力，继而将企业变革或管理升级的事情做成，核心在于激励机制的建设。

激励是一个宽泛的概念，常见的激励体系如图3-2所示。激励体系建立在企业文化之上，是全体员工在组织内部服务获得的物质与精神两个层面的满意度总和,是一种难以具体量化的主观感受,尤其是在精神层面。激励机制则建立在激励体系的基础上,对达成激励所需要的条件进行统一管理的一个内部管理原则和具体举措的集合。

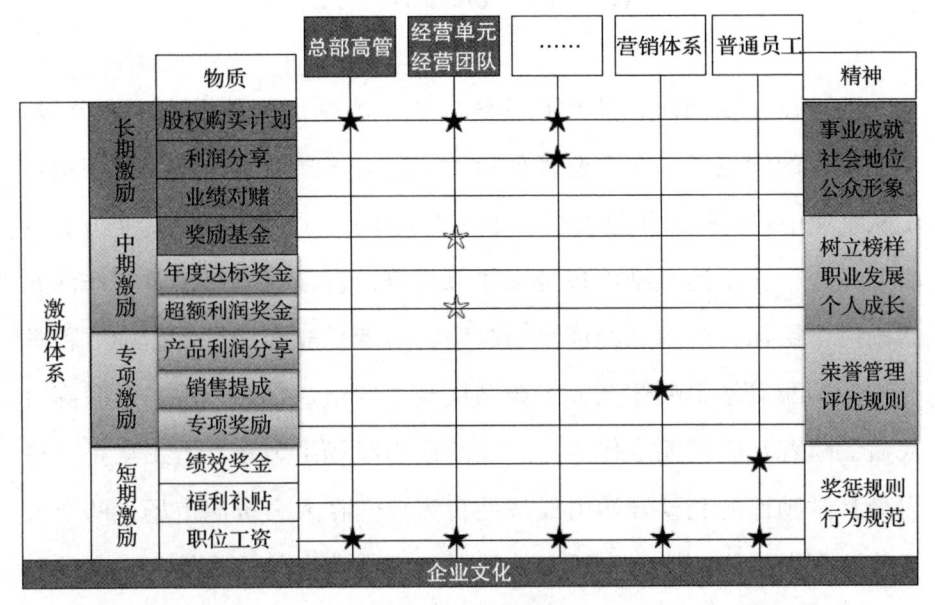

		总部高管	经营单元 经营团队	……	营销体系	普通员工	
	物质						精神
长期激励	股权购买计划	★	★	★			事业成就 社会地位 公众形象
	利润分享		★				
	业绩对赌						
中期激励	奖励基金		☆				树立榜样 职业发展 个人成长
	年度达标奖金						
	超额利润奖金		☆				
专项激励	产品利润分享						荣誉管理 评优规则
	销售提成				★		
	专项奖励						
短期激励	绩效奖金					★	奖惩规则 行为规范
	福利补贴						
	职位工资	★	★	★	★	★	
	企业文化						

图 3-2 激励体系

基于激活干部的激励机制建设,对互联网时代多变环境下企业内部管理具有较大的现实意义,一般企业干部的培养需要一定时间,很多干部由基层或一线专业领域转到干部岗位后,在企业内部已经待了很长时间,普遍处于周期性职业倦怠期。升任干部职位后,一小部分干部在新的岗位上因为职位转换被激活,但绝大多数干部因为缺乏足够的激励及技能上的提升,在新岗位上难以打开局面,继而进一步加剧了周期性职业倦怠的状态,需要重新被激活。

激活干部的手段有很多,激励机制的建设只是见效比较快和比较明显的手段。处在互联网时代,外部环境快速变化,企业变革和内部管理提升的整体目标甚至会在较短时间内发生变化,因此处于企业变革和内部管理提升阶段，重新激活干部队伍的首选工具是激励机制。

第一节　激励的内核

无论在互联网时代还是在传统时代，激励的内核没有太多差异，主要是人的满足感。在企业管理活动中，对广义员工的激励内核指员工从企业中获得的工作总报酬，如图3-3所示。广义员工在为企业提供服务过程中获得的激励内核是工作总报酬，包含薪酬总额及工作内在激励两个层面，前者是经济性的激励，后者是非经济性的激励。科学合理的薪酬只是报酬体系或者激励机制中的组成部分，进入互联网时代后，随着互联网原生代的员工逐渐成为职场主力军，员工从企业获得最具激励性的利益开始由经济性转为他们在人力资源市场上的个人增值，个人价值的增值来源于他们在组织中获得的能力提升、资历积累，以及企业平台给予他们个人的荣誉。

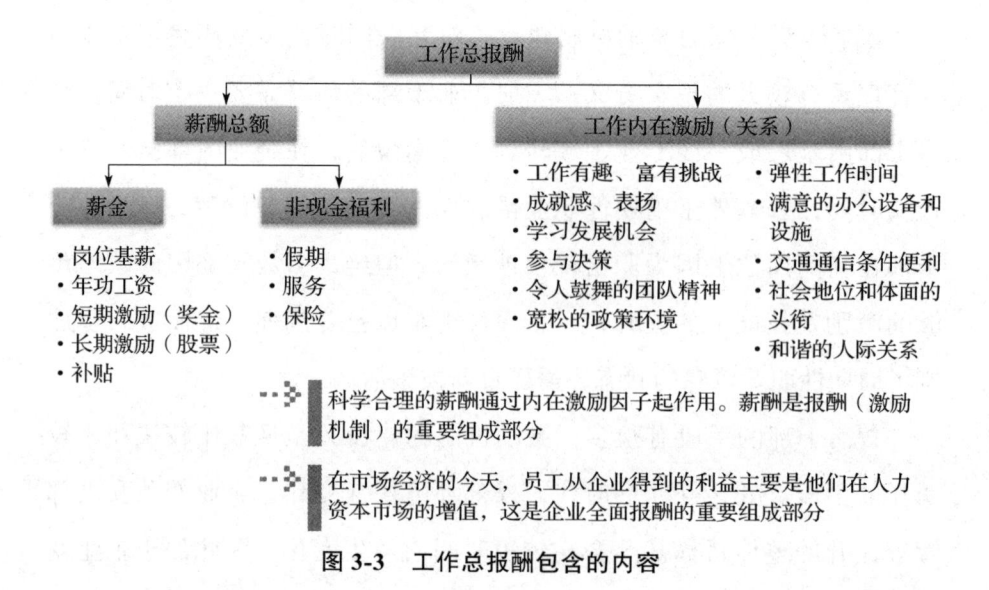

```
                        工作总报酬
                       /          \
                  薪酬总额      工作内在激励（关系）
                  /      \       ·工作有趣、富有挑战    ·弹性工作时间
                薪金   非现金福利  ·成就感、表扬        ·满意的办公设备和设施
              ·岗位基薪  ·假期      ·学习发展机会        ·交通通信条件便利
              ·年功工资  ·服务      ·参与决策            ·社会地位和体面的头衔
              ·短期激励（奖金） ·保险  ·令人鼓舞的团队精神  ·和谐的人际关系
              ·长期激励（股票）       ·宽松的政策环境
              ·补贴
```

▸ 科学合理的薪酬通过内在激励因子起作用。薪酬是报酬（激励机制）的重要组成部分

▸ 在市场经济的今天，员工从企业得到的利益主要是他们在人力资本市场的增值，这是企业全面报酬的重要组成部分

图3-3　工作总报酬包含的内容

达到激励的目的需要建立企业激励机制,激励的核心是"人的满足感",包括精神和物质两个方面。人的满足感实际上是一种内心需求的获得,有人偏重于物质奖励的获得,有人看重荣誉感和成就感的获得,对不同层级与不同年龄段的人才而言,内心需求的获得并不完全一致。传统激励内核中,往往是科学合理的薪酬通过内在激励因子对激励对象产生作用,从而通过经济性手段达成激励的效果。但在互联网时代的今天,员工内心需求的获得不再局限在从企业获得足够的经济收益,而在于通过企业平台的个人经历积累,促使未来他们在人力资源市场上的价格增值。

马斯洛认为,人的需求分为五个层面,如图 3-4 所示。谈激励的内核,必须对马斯洛的需求层次理论有所了解,很多激励理论和激励手段,都是建立在马斯洛需求层次理论的基础上。

图 3-4 马斯洛需求层次理论

结合马斯洛需求理论,以及互联网时代企业激励实操案例,激励的内核可以分为四个层次,分别是保障性激励的内核、个人发展层面激励的内核、荣誉和社会成就层面激励的内核、工作氛围与精神愉悦层面激励的内核。

一、保障性

激励的内核最根本的层面是保障性激励,可以简单地理解为基础薪酬的保障。作者在最近几年的管理咨询实践中,在沟通需求过程中发现很多准备实施中长期激励的企业,实际上连短期激励机制都不具备内部公平性和外部吸引力,在这种背景下实施中长期激励,注定激励的边际效用会很低。

在保障性激励层面,很多企业并不能准确区分不同岗位在企业创造价值的过程中发挥的作用,从而使保障性激励的设计失真或脱离价值创造这一基础,甚至很多企业即便发展到十几亿元的业务规模,但保障性激励依旧停留在议价薪酬层面,导致"会哭的孩子才有奶喝"这一现象仍存在。从企业运作的底层逻辑来看,保障性激励属于企业经营活动的一个重要且基本的环节,其激励内核是利用保障性激励满足员工基本的生理需求和安全需求,从而激发员工的工作热情,获得企业效率的提升。在保障性激励层面,企业目前普遍采用绩效工资制和岗位薪酬制。

1. 绩效工资制

绩效工资制的内核逻辑是基于岗位的价值确定一个薪酬水平,并允许在这个岗位上的员工因为主观或非主观的因素导致工作产出会有所变化,根据实际的价值创造支付薪酬。即确定每一个岗位的薪资水平,这个薪酬水平按照比例切分为固定部分和绩效部分,一般固定部分的占比会大于50%,根据岗位级别不一样,固定比例会发生变化,岗位级别越高固定部分占比越小,但最小不会低于50%。岗位薪酬水平减去固定的部分作为这个岗位的绩效工资部分,绩效工资根据员工的实际价值创造,围绕该岗位的绩效工资基数上下波动,一般系数在

0.5 至 1.5 之间，也有绩效基础比较好的企业将这个波动系数设置在 0 至 3 之间，以期获得更强的激励效果。

绩效工资制一般与绩效约束周期密切挂钩，且根据岗位层级不同，绩效约束周期不尽相同，对于操作层员工，绩效工资制可以采取月度兑现；对于一般职能系的职员级别，往往可以采取季度兑现；对于中基层管理人员，如部门经理、团队主管等，可以采取半年度兑现；而对于高层管理人员，由于他们的保障性激励总体额度已经不低，即便是 50% 左右的岗位薪酬水平也能够很好地完成生理需求和安全需求的满足，所以他们的绩效工资兑现周期可以拉长到年度。

2. 岗位薪酬制

岗位薪酬制的激励内核在于默认企业已经存在的岗位级别所带来的岗位价值差异，并默认员工在岗位发生变动后，所创造的价值会伴随着岗位变动而发生变化。这一保障性激励机制的设计，弱化了员工个体在组织经营创造价值的活动中个体的主观能动性作用，逐渐失去了活力，导致企业的保障性激励成为"大锅饭"的代名词。

随着互联网时代的到来，外部信息获取的便利程度增加，不愿意大动干戈进行激励体系变革的企业，也在自行优化已有的岗位薪酬制，如增加效益奖金的部分，或增加技术级别工资的部分，在一定程度上可以重新激活原本岗位薪酬制下已经失去动力的员工，但激励效果依旧不是特别明显，熬资历、攒工龄的现象依旧存在。

二、个人发展层面

互联网时代员工越来越重视个体的发展与自身在未来人力资源市

场的增值，这也是员工内心需求获得满足的一种，因此也成为激励的重要组成部分。在个人发展层面，激励的内核是企业平台给予员工能力提升的训练机会，以及企业平台背书的个人品牌增值，从而取代一部分经济性的激励因素。

新生代员工（特指90后尤其是95后）伴随着互联网在中国的发展而成长，他们的成长环境与上一代职场人完全不一样，经济基础也不一样。这一代职场人的眼光会放得更加长远，往往不是特别在意眼下的薪酬高低，而更多在于工作的平台能否提升他们自身的价值，以及企业平台环境带给他们工作的舒适感和成就感。除薪酬外，他们看重的主要是职业发展的机会。

顺应这一时代发展的需要，许多企业逐步构建完整的人才培养和选拔机制，对人才进行系统性的培养，投入必要的资源并进行定期的能力考核，在培养员工能力的同时规划员工在组织内部的发展，为员工树立明确的奋斗目标。

三、荣誉和社会成就层面

荣誉和社会成就层面是为满足员工的社交需求和尊重需求，与互联网和物联网双叠加的时代相关，员工在获得必要经济报酬的前提下，开始注重平台本身带给其的社会地位与荣誉，如优秀的年轻人普遍青睐于知名的大型企业，如华为、阿里巴巴、腾讯等，但在10～15年前，社会上还存在职场新人到底是去成熟的大型企业还是去创业型企业的讨论。

建立普遍性的荣誉激励机制和社会成就激励机制的企业，在人才争夺、人才留任层面，更容易取得突破性效果。伴随着荣誉和社会成就层面激励带来的人才聚集效应，企业也可以获得更多的行业顶层人才加盟，从而形成一个良性向上的循环系统，在同等成本的前提下，获得比竞争对手更佳的竞争优势。

四、工作氛围与精神愉悦层面

尚未进入互联网时代时，很多管理者通过少数"个人英雄"式的创业者或者领导，可以轻松获得企业的生存和发展资源，但随着互联网时代的来临，劳动力市场的趋势也秉承着区块链的去中心化、去权威化，导致强势管理越来越缺乏生存空间。

工作氛围和精神愉悦层面激励的内核，实际上既是满足员工的尊重需求也是满足员工的自我实现需求，通过良好工作氛围的打造，以及创造员工精神愉悦的工作环境，实现激励员工的目的，进一步达到提高劳动生产效率和质量，从而达到提升企业经营效率的目的。

无论是哪一个层次的激励，其内核都是实现员工"个体需求获得的满足感"，不等层级、不同年龄及处在不同人生状态的激励对象，对自身需求获得的满足感并不完全相同，因此企业的激励不能以一概全、呆板僵化，而是需要根据激励对象具体的需求进行调整，并且每一种激励机制的构建，都需要有对应的约束机制匹配。

第二节　主观能动性与绩效表现

人力资源最为显著的特点是具有思想、感情、意识和选择的能力，因此任何时候都不能去轻视员工在组织中所具备的主观能动性，尤其是在设计激励机制时。员工的主观能动性主要表现在：通过被动教育和自觉学习等活动提高自身素质和能力；作为劳动力的所有者具备自由选择职业的权利和能力；具有通过付出劳动和时间以创造财富并改善自身及家庭生活水平的能力。

一、主观能动性

人具备社会性，习惯通过社会这个错综复杂的载体来更好地体现自己的价值，并在社会这个舞台上实现自己的价值。企业对于职场人士而言是一个微观的社会，这也是为什么很多职场人士戏称"企业是江湖，有人的地方就有江湖"。从人力资源管理的角度出发，企业为员工搭建了一个平台，这个平台聚集了很多员工，员工在企业这个微观的社会里扮演着不同的角色，想要实现员工自身的价值则需要付出与其他成员比较起来更多的努力和艰辛，这将成为职场人构建激励机制的核心因素。

1. 主观能动性分类

员工的主观能动性是人类特有的能力与活动，是人力资源作为生产要素的核心特征。人力资源的主观能动性主要分为三类，第一是认知外界的能力和活动，第二是通过劳动改造外界的能力和活动，第三是认知外界和改造外界的活动中所具备的精神状态。前两类反应的是人力资源作为特殊生产资料的生物特征，最后一类是人力资源管理过程中需要发掘和影响的重要内容，也是人力资源在改造世界的活动中创造出更高效率的源泉。

主观能动性的第三类即在认知外界和改造外界的活动中所具备的精神状态，一般从决心、意志、干劲等主观维度来区分，也是企业人力资源管理活动,尤其是激励手段所需要关注和激发的维度。

2. 影响主观能动性的手段

判断一个企业成功与否的关键是其盈利能力,而判断一个企业人力资源管理成功与否的关键是其对人的主观能动性的激发程度。当企业的组织规模和经济规模达到一定程度,职场人士将更加关注人性的需求,企业的人力资源管理也应该将更多精力关注到人性的回归上。关注人性的回归必然面对人力资源的主观能动性,这使员工的主观能动性成为人力资源管理的核心研究对象。

人力资源管理的终极目标是充分开发和利用人力资源,以期获得企业价值和人力资源价值双向最大化的效果。员工的主观能动性中包含的主观性和能动性恰好是两种最宝贵的资源,充分利用和发挥这两种资源,可以使员工人尽其才。

人力资源管理的诸多内容,如人力资源计划、员工招募与调配、人才甄选、员工培训、绩效评估、职业生涯发展规划、员工薪酬与激励等内容,都是围绕发挥员工的主观能动性而努力,主要从主观能动性的三个类别出发。在认知外界层面,人力资源管理可以从可视化企业文化、人员招募与调配等维度着手;在改造外界层面,人力资源管理可以通过员工培训、职业生涯管理等手段,确保员工的能力持续提升以获得更强的改造外界能力;在精神状态层面,人力资源管理可以通过经济激励、精神激励等手段持续激发人力资源的决心、意志和干劲等。

二、绩效表现

员工的绩效表现是一个模糊且相对偏主观的概念,目前并没有严格的定义和标准，往往笼统地指员工在企业内部的价值创造结果，这种结果并非以量化的经营数据或绩效指标的形式呈现出来，而是以一个笼统的主观评价来呈现。一般习惯将员工的绩效表现划分为五个层级，第一层级为漫不经心，第二层级为盲目行动，第三层级为表现持平，第四层级为不断提升，第五层级为自动自发，如图 3-5 所示。

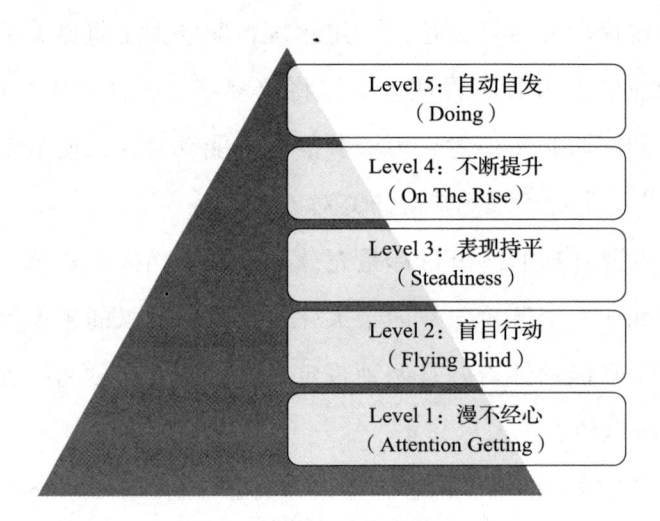

Level 5：自动自发（Doing）
Level 4：不断提升（On The Rise）
Level 3：表现持平（Steadiness）
Level 2：盲目行动（Flying Blind）
Level 1：漫不经心（Attention Getting）

图 3-5　绩效表现的五种层级

员工普遍的绩效表现处在第三级及以下，而人力资源管理的目标则是让员工的绩效表现处在第五级。理想与目标存在较大的差距，需要企业通过人力资源管理活动与手段来进行弥补和激发。

三、主观能动性与绩效表现间的关系

员工的主观能动性与绩效表现存在正相关关系，国内有很多学者对员工的主观能动性和绩效表现进行研究，发现导致这种正相关关系成立的媒介是激励机制。

员工的主观能动性如果停留在认知外界层面，对应的绩效表现一

般会停留在第一级的水平，即漫不经心级别，最高也不会超出第二级，即盲目行动这一级别的绩效表现；而员工的主观能动性被激发到第二类别，也就是改造外界层面，那么对应的绩效表现往往可以达到第三级表现持平的水准，甚至可以达到第四级不断提升的水准；唯有员工的主观能动性提升到第三种类别精神状态层面，企业的绩效才有可能达到第五级，即自动自发这一级别。

企业内部员工自动自发的绩效表现始终都是企业人力资源管理追求的目标，这有赖于员工的主观能动性的充分激发。

小节案例 ｜ 阿里巴巴："271"奖罚调动员工积极性

阿里巴巴网络技术有限公司（简称：阿里巴巴集团或阿里巴巴）由以马云为首的18人于1999年在浙江省杭州市创立，历经20多年发展，目前业务生态包括淘宝网、天猫、聚划算等。2014年阿里巴巴集团在纽约证券交易所上市；2019年阿里巴巴港股上市；阿里巴巴创始人之一马云占据中国大陆内部首富位置数年。秉承着"让天下没有难做的生意"这一使命，阿里巴巴围绕其核心业务范围，如商业、云计算、数字媒体及娱乐以及创新等，构建了涵盖消费者、商家、品牌、零售商、第三方服务提供商、战略合作伙伴及其他企业的数字经济体。

为了充分调动员工积极性，阿里巴巴在绩效管理中设置了"271"奖惩，所谓271（或361），即最好的员工占20%或30%，中间的员工占70%或60%，最末位的员工占10%，而需要淘汰或置换的员工往往就在最末位的10%员工里面。阿里巴巴还设置了"明日之星"奖，奖励价值观好、业绩也好的一类员工。

对于不同类别的员工，阿里巴巴会采取不同的策略，例如明日之星，阿里巴巴会投入大量资源在这些人身上，努力培养明日之星，确保他们能够成为下一代的接班人；又例如10%的末位员工，阿里巴巴首先会帮助这类员工改进工作方法或轮岗换岗，给予他们弥补的机会，如果这些举措不能帮助这类员工提升，那么他们会被淘汰掉。

271奖惩的本质含义是双轨式，即通过业绩考核和价值观考核来衡量一个员工，这两个考核并没有区分权重，而是各自考评，最终两项考核的结果形成一个矩阵，矩阵中不同象限的员工会被贴上不同的动物标签，继而采取不同的激励措施，包括正向激励和负向激励。对于业绩高、价值观高的明日之星，将投入大量资源培养他们；而对于业绩低、价值观低的"狗"类员工，则是先"治病救人"，救无可救时则选择淘汰；而对于业绩高、价值观低的"野狗"类员工，阿里巴巴直接选择淘汰。

271奖惩机制获得绝大多数员工的支持，是阿里巴巴有效的激励机制之一，可以充分调动员工积极性。

（资料来源：作者根据多方资料整理而成）

第三节 变革激励

互联网时代唯一不变的主题就是变化，面对日趋频繁的多变环境，企业无论是外部逼迫式还是内部自发式的变革，均是应对外部多变环境的积极措施。要确保企业变革成功，在多变环境下维持企业的基业长青，最为关键的就是内部激励机制对于企业变革的支撑，普遍的做法是通过丰富和扩展薪酬的弹性和多样化激励手段，以增强经济报酬和精神报酬本身的激励性。变革激励的本身也是价值创造、价值评价和价值分配的问题，如图 3-6 所示。

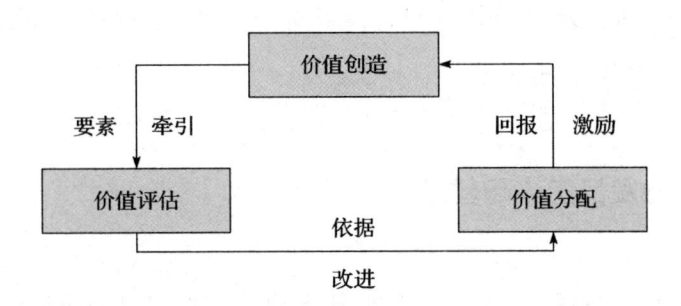

图 3-6 变革激励的本质

因此变革激励需要解决的核心问题与激励本身需要解决的问题并没有太大区别，均包含吸引外部人才、激发员工人尽其才、保留现有优秀人才和创造良性竞争环境四个方面。

一、吸引外部人才

不同层次的员工对于激励的诉求各不相同，初入职场的员工对激励的期望更多在于个人职场价值的增值，包括个人能力的提升、社会工作经验的积累以及个人资历的沉淀等；但对年龄处在中年时期的员工而言，他们对激励的期望更多在于经济收益以支付房贷车贷、子女教育投入、父母赡养投入等；对处在企业金字塔顶层的精英阶层员工而言，他们对激励的期望更多在于长期的事业发展平台以及通过工作所获得的社会认同和个人价值实现等方面。

不管激励对象对于激励的诉求处在何种层次，激励体系的设计必须结合市场数据，确保激励体系的内部公平性和外部公平性，对外部优秀的人才形成足够的吸引力，这是激励体系需要解决的最核心也是最基本的问题。进入到互联网时代后，中国绝大部分企业尤其是竞争力强、实力雄厚的企业，会通过各种人力资源优惠政策、丰厚的福利待遇、快捷的晋升途径和机制、具备挑战性的中长期激励政策来吸引企业需要的外部人才加盟。

二、激发员工人尽其才

本章第二节讨论过员工的主观能动性与绩效表现间的关系，人力资源管理的深层次目标是充分激发员工的潜力，使得人力资源价值最大化。因此变革激励需要解决的核心问题之一是激发员工人尽其才，即开发员工的潜在能力，促进在职员工充分发挥其才能和智慧。

激励机制需要通过一定的方式方法把员工的潜能充分激发出来，进而提高工作的进程和效率，无论这种激励机制是物质激励还是精神激励，通过激励机制的设计可以提高员工积极性和企业效益。

三、保留现有优秀人才

互联网时代企业外部环境变化频繁，面对复杂多变的外部环境，企业要保持自身的核心竞争力，一支稳定且有战斗力的核心人才队伍必不可少，而激励机制对现有优秀人才的保留起关键作用。

企业持续不断发展的过程中，人才是最关键的成功驱动因素，因此企业如何把优秀的人才保留下来成为互联网时代的一个关键命题。企业人力资源管理手段中保留现有优秀人才有很多种方式，但激励机制肯定是其中最关键的因素和手段之一。变革激励需要不断完善，贴近内部优秀人才的最内核需求调整激励细节，让优秀人才与企业共命运、同富贵，唯有如此企业才能够在信息爆炸、外部变化频繁的互联网时代得以生存和发展。

四、创造良性竞争环境

激励机制设计的基础之一是公平性，包含内部公平性和外部公平性两个层面，内部公平性和外部公平性的底层逻辑都包含一种竞争精神。多数企业普遍强调"按劳分配、多劳多得、不劳不得"本质上也是对良性竞争精神的鼓励，激励机制需要杜绝大锅饭、普惠式的激励，而是要分层分级、针对不同对象设置其针对性的激励手段，不能将激励机制设计为一种发红包式的激励模式。

尤其是对变革中的企业而言，激励机制一定要构建在竞争精神的底层逻辑之上，确保能够创造出良性的竞争环境，形成良性的竞争机制，竞争机制是激励机制的外在表现形式，而激励机制是竞争机制的结果兑现。在良性竞争环境中的组织成员会接收到来自外部频繁变化的环境压力，将这种压力主动转变为努力工作的动力。实际上构建内部良性竞争环境，也是充分激发员工工作的动力和积极性的关键手段之一，从而达成比较高层次的绩效表现，这是激励机制在变革时期企业经营中所产生的具体价值。

回归激励机制的本质，变革企业的激励机制需要解决的核心问题是激励机制本质的内核问题。企业面临变革的过程中，往往会面临着原有干部倦怠、新鲜干部难以引入的双重困境，当传统固定薪酬、窄幅薪酬缺乏必要驱动力，无法全方位调动干部和员工的主动性和积极性时，企业人力资源管理必须慎重考虑并且积极进行激励机制的设计和变革，从基础薪酬开始丰富变革激励体系，充分激发各个层面的优秀人才，尤其是重新激活企业的干部队伍。

■ 小节案例 ｜ 娃哈哈：激励与竞争相结合

杭州娃哈哈集团有限公司创建于1987年，目前在全国各地建有180多家分公司，拥有2万多名员工。2010年，中国民企500强中娃哈哈集团排名第8；2019年，娃哈哈集团入选2019中国品牌强国盛典榜样100品牌。娃哈哈集团的创始人宗庆后先生先后3次荣登胡润全球百富榜中国内地榜首，成为中国首富。

娃哈哈集团以做纯净水起家，现在的产品除覆盖食品饮料行业之外，还涉足商业地产、百货零售业等，而历经30年发展的娃哈哈集团对于员工的激励，有着其鲜明特色的一面。按照娃哈哈集团的员工激励机制，每年都会给员工加工资以提高员工收入，因而整个娃哈哈集团员工的薪酬水平处在一个相对较高的市场分位。但娃哈哈集团也非常清楚，高收入往往容易滋生惰性，因而娃哈哈集团在激励机制的同时构建了内部竞争机制。

在娃哈哈集团的管理过程中，宗庆后是董事长兼总经理，集权程度非常高，因而对于员工激励层面，宗庆后有完全的决策权。在娃哈哈创业早期，大小事情都由宗庆后决策，但伴随着事业的扩充，宗庆后开始分解授权，而分解授权也是激励的一种，是较高的工资保障和内部竞争机制这两大激励手段的又一有效补充。

尽管娃哈哈集团员工收入比较高，但员工加班加点的时间均比较长，特别是在娃哈哈集团早期快速发展的过程中，因此娃哈哈集团的激励机制包含了关心员工的家庭生活。首先是娃哈哈集团帮助员工解决住房问题；其次娃哈哈集团帮助员工解决子女上学和就医的问题。宗庆后认为：只有关心员工，员工才会卖力地为企业工作，其企业才能有良好的收益；对员工太刻薄，员工就不会为企业真心实意地效力，但凡外面有任何诱惑他们就会选择离开。在一系列的关怀措施下，娃哈哈集团的员工忠诚度比较高。

另外比较重要的是，在娃哈哈集团工作满1年就可以持股，娃哈哈集团的盈利水平在行业内一直名列前茅，因此员工持股分红比例非常高，这也是娃哈哈集团从另外途径提升员工收入的有效尝试。文化激励方面，娃哈哈集团认可东方文化和西方文化之间的差异，所以宗庆后在管理方面借鉴西方的管理理念和办法，但在人员管理方面宗庆后反倒是充分和深入研究中国文化，依据中国的实际文化背景和情况对员工进行管理。

显然娃哈哈集团对员工的激励手段是多层次和复合性的，既用高工资解决员工的基本生存问题，又关怀员工的家庭和生活，给予员工足够的企业自豪感和归属感；股权激励解决员工的额外收入诉求问题；文化激励方面收获员工的认同感，获得了良好的激励效果。

（资料来源：作者根据多方资料整理而成）

第四节　激励机制的打造

激励的内核、人力资源管理的核心价值、激励机制需要解决的问题都是为企业打造和构建持续创造价值的前提条件。普遍的认知是目标的产生可以带来激励，激励的应用可以影响成就，而成就决定着价值感的产生，这是激励对象在人力资源管理激励机制这一活动中获得触动和激发的路径。激励对象在企业中获得的成就越大，所拥有的价值感就越强；而价值感的拥有，会让激励对象感受到幸福。

对于主观且不可量度的主观能动性，可以找出很多的例子证实激励与绩效表现的关系，但却没有办法量化与评价，如中国三国时期曹操的望梅止渴式激励，以及现代企业家任正非先生的分股激励等，都能够证实激励对于人主观能动性的激发程度及所带来的效益，但却没有办法对这些效益和主观能动性间的关系找出一个稳定的系数。

处于互联网时代的企业，通过打造充满激励性的机制来激活干部与员工，从而获得内部稳定的竞争力，是非常有必要的手段。

一、打造激励机制需要注意的问题

企业在打造激励机制时，往往本着头痛医头、脚痛医脚的思想，指望一套激励机制可以帮助企业解决所有问题，尤其是处在变革过程中的企业，对激励机制的期望值过高，因而在构建时往往急功近利，仓促构建的激励机制不仅不能够实现激励的目的，有时还会起到反作用。激励机制是综合性的，且会伴随激励背景的变化而变化的动态有机系统，一般与企业的战略、目标、绩效组合成一个四维闭合体系运作，从而起到应有的激励作用。

互联网时代信息瞬息万变、信息技术日新月异，企业的经营环境也千变万化，在这样的背景下打造激励机制，更应该注意一些常见的问题，应该遵循科学、合理、慎思、疾行的原则来打造支撑变革的激励机制。

1. 打造激励机制要循序渐进

激励要有差异、有针对性。变革企业面临的环境复杂，内部矛盾不断，需要更多现金流及更多精力应对外部变化的环境和解决内部纷繁复杂的问题，如果实施一刀切的激励机制，会在短期内大幅度增加企业的经营成本和时间成本，从而导致应对变革时精力不足、财力不足。

因此打造激励机制需要循序渐进，挑选最能够创造价值的激励对象优先实施激励，同时激励要向组织内部的核心岗位、核心人员倾斜，激励的额度也应该逐步增加，以增加激励效应的持久性。

2. 打造激励机制要选择适当的情境

由于企业内部员工激励需求的差异性，以及员工个体性格差异的客观性，因而每一个激励个体对激励机制的诉求各不相同，激励效应也会根据激励对象所处的时间、环境及习惯的激励方式而各有差异。

变革中的企业资源局限性更大，有限的资源需要配置在价值链上最具竞争力的环节，所以在打造激励机制时，应根据具体情境采取适当的激励工具。例如在企业前景尚不明朗时，对少数核心高层人员可以实施实股激励，一方面将核心高层人员进行深度捆绑，另一方面也可以补充企业经营现金流；同样的环境和同样的背景，如果对普通员工实施实股激励，大概率会被普通员工无情地放弃，并且会让普通员工认为老板是在分散风险，从而形成内部的对立。

3.打造激励机制要公平公正

公平性与公正性永远都是激励机制的核心前提，机会均等是所有员工追求的内在动机，失去公平和公正的激励机制，最终效果只可能是负激励。

有效的激励机制并不是单纯的只奖不罚，也不是单纯依靠一套行之有效的约束机制，公平公正的潜台词就是有奖有罚、奖惩对等，同时确保激励机制的公平公正基础，也是践行"按劳分配、多劳多得、少劳少得、不劳不得"的原则，是规避大锅饭、普惠式发红包的关键前提。

二、激励机制组成部分

互联网时代基于激活员工工作积极性以增大企业变革成功概率的激励机制，是一个综合、有机的整体，包括短期、中期、长期三个层面，不同的层面解决的问题各不相同。

1.短期激励

马斯洛需求层次理论已经将员工的需求进行了分层，任何一家企业，不管是互联网时代的原生企业还是传统企业，保障员工的基本生存都是一种应尽的义务，在基本生存未能保障之前，谈任何激励都是"画饼"，不会有任何正向结果的行为。激励机制中的短期激励一般指基本薪酬、绩效工资和福利补贴等部分，短期激励部分主要解决员工的基本生存保障。

有效的激励机制往往在短期激励层面强调根据激励对象所处岗位在企业创造价值过程中所承担的不同角色，以及在企业创造价值过程中的不同贡献，进行职位工资的差异化设计。同时也默认激励对象在精神状态、工作技能、工作能力等维度的波动所创造的价值差异，并以绩效工资的形式予以体现。福利补贴是企业为员工提供的额外保障，一部分是由国家以法律的形式要求每一个企业强制履行，另一部分是企业对员工人性化、人文化关怀而额外设置的。

短期激励层面的激励周期一般以月度、季度为主，少数企业或部分特殊行业的短期激励会以日或以周为激励周期，但不管周期如何，短期激励保障激励对象的基本生存，因而激励周期不能拉得太长，否则短期激励将会成为负激励。

2. 中期激励

中期激励层面依旧以经济激励为主，主要解决激励对象持续动力的问题，富有成效的激励机制会在短期激励层面确保激励对象"饿不死"但也"吃不饱"，而通过中期激励的有效设计，解决激励对象"吃饱"的问题。

激励对象的需求满足是逐层递增的，在"吃不饱"的前提下可能具备激励效果的措施是让一部分人"吃饱"，但"吃饱"之后则会更进一步生出"吃好"的需求。中期激励一般由专项奖金、销售提成、产品利润分享、超额利润分享、奖励基金、年度达标奖等具体模块组成，激励的周期一般是半年或一年，最短也会以季度为单位，是短期激励的有效补充。

3. 长期激励

长期激励一般指激励周期超过一年的激励，形式有现金、股权及精神激励等方面，常用的长期激励工具包括业绩对赌、利润分享和股权激励等。长期激励层面解决马斯洛需求层次理论中四级以上的需求，也就是解决激励对象吃好的问题。

在变革企业的激励机制中，长期激励部分解决激励对象身份与社会地位的问题。所谓身份的问题，是通过长期激励机制的设计，让激励对象由打工人身份转换为小股东身份；所谓社会地位问题，即通过长期激励机制的设计，让激励对象的社会身份由企业高管或企业核心人士的身份转为事业缔造者身份。

中长期激励的工具相对成熟，如表 3-1 所示。不同工具应用对象、工具特点各不相同，并且各有优劣。

单纯经济性的长期激励机制往往很难起到积极的效果，长期激励机制由于将激励周期拉长到一年以上，甚至超过三年，必须辅以非物质层面的激励，才能够发挥激励作用。

三、激励机制的不同标的

有效的激励机制并不单指经济激励，普遍一谈起激励就认为是加工资和发奖金的思维具备局限性，员工从组织中获取的总报酬也是激励的组成部分，一般从激励标的层面来分，有效的激励机制覆盖维度包括经济维度和精神维度，从具体内容来看一般包括行为激励、成长激励和企业文化激励三个部分。

表 3-1　部分中长期激励工具一览

激励工具	工具简介	适用对象	典型特点	优势	劣势
合伙人制	经营团队和核心利益相关人持股	经营团队、高管团队	共享、共创、共担、经营团队强制跟投、高管控制投资	捆绑力度高，合伙人荣辱与共	激励对象资金压力较大
交叉持股	不同经营单元核心经营团队交叉持有对方股权	经营单元、事业部负责人	为核心经营人员开辟投资渠道	便于内部资源协调与整合	易分散经营单元关注点
股权购买计划	激励对象出资从原股东手中购置企业股权	核心干部、核心人才	员工出资、聚焦增量	覆盖面广，刺激员工关注长期效益	大股东让利，激励及时性较差
虚拟股票期权计划	企业发行记账凭证明确激励对象享有的分红权益	核心人才	适用面广	激励对象认可度高	易滋生搭便车现象
激励基金	以净利润目标为标的，设置目标达成区间提取比例形成激励基金发放	经营团队、干部团队		捆绑力度高，刺激性较大	奖金延期支付，激励对象满意度降低
达标奖	设定一定期限的经营目标，根据达标情况给予经营团队、干部团队现金奖励	全员	目标明确、牵引性强	目标牵引性强	易导致关注短期利益
增量利润分享	以增量利润为标的，向全员发放现金奖励	全员	全员普惠	企业激励成本较低	易形成大锅饭现象
奖金包	以单独产品或产品系列的一定期限内利润作为标的，对营销团队、研发团队、产品团队实施虚拟独立核算式的激励	营销体系、研发体系、产品体系		牵引不同部门自发协调配合，加速业务孵化	易形成小团队文化
虚拟年金计划	设置虚拟年金账户，对基层员工实施长期激励	基层员工	年金仅用于公司指定消费	激励延期支付，降低企业激励成本	不利于必要的主动淘汰人员

1. 行为激励

行为激励部分很多企业会通过企业的奖惩制度来确立，即鼓励企业倡导的行为、惩罚企业禁止的行为，从而有效地激发激励对象的具体行为。行为激励从时间激励周期来看一般指短期激励，即所谓激励要及时的原则，无论是奖励性质的正激励还是惩罚性质的负激励。

很多企业强调奖惩分明、以奖为主、以惩为辅的行为激励原则，当然也有部分行为激励的激励周期达到1年、甚至3～5年，如年度评优、三年银牌员工、五年金牌员工等。行为激励讲求的是令行禁止且上行下效，必须由企业高层、企业干部带头遵守行为准则和奖惩制度，才能够在企业内部通过奖惩制度等行为激励的具体措施对所有员工进行有效激励和行为控制。

2. 成长激励

成长激励部分是鼓励激励对象在企业内积极响应工作任务、主动提升个人能力的一种激励机制，具体的形式包括定期或不定期的培训、轮岗、职位晋升等。现在越来越多的企业开始重视内部员工的成长，尤其是在互联网时代，获取学习资源相对成本较低，企业人力资源管理会采取设置职业发展通道、职业晋升机制、内部轮岗机会等形式，牵引员工主动通过学习提升自己，从而为企业创造更高的效益，并在这个价值创造的过程中获得更好的个人待遇。

尤其是进入互联网时代后，新生代踏足职场后，在短期内他们核心关注的也是企业为其提供的学习机会以及职业发展空间，比起逐渐老去的70年代职场人和80年代职场人，新生代职场人更加关注在一份工作中获得的成长及成就感。

3. 企业文化

企业文化激励普遍不被认为是有效激励机制的组成部分，而是激励机制的效果之一，但实际上良好的企业文化氛围能够令员工产生的满足感、荣誉感和责任心，从而用更大的积极性投入到工作中，本质上也是一种激励。

企业激励机制影响着企业文化的演变和发展，而企业文化反过来放大和强化激励机制的效果。企业文化对员工的满足感形成影响需要过程，这个过程以激励为源头，逐步反映在员工的具体行为和工作产出的变化上。

随着互联网时代的发展，更多的信息化工具投入使用，更畅通的信息传递机制逐步建立，有效激励机制的组成部分也日益丰富、激励措施也逐步变得更加多样化，但万变不离其宗，有效的激励机制必须致力于满足激励对象在工作中的获得感。

四、中长期激励机制

进入互联网时代后，伴随着时代的变化，企业与员工间的关系也在发生变化。越来越多的企业在中长期激励机制上存在需求，并且希望通过中长期激励机制的建设解决企业内部一系列问题。在中长期激励机制建设的管理咨询实践中，应用得比较多的工具包括股权激励、增量利润分享计划和激励基金计划等。

1. 股权激励

股权激励指通过股权对企业关键岗位、核心人员进行激励的一种方式，同步会对激励对象获得股权设置业绩约束条件。常用的工具包括实股转赠、实股购买、实股期权、虚拟股权等，虽然这些工具的基本逻辑和核心解决的问题一致，但针对不同企业的不同激励背景，工具在具体的设计过程中会存在较大的区别。有效的激励机制必须充分考虑企业的激励基础和激励背景，以及实施激励方案时所面临的历史遗留问题和当前痛点问题，互联网时代不是一套方案可以包打天下的时代，需要有针对性地量身定做解决方案，尤其是在中长期激励机制的构建层面。

2. 增量利润分享计划

增量利润分享计划既可以理解为一种事业合伙人的机制，也可以理解为虚拟股权分红的机制，指公司向符合条件的激励对象赋予在目标利润之外的增量利润中一定比例分享权的激励方式。增量利润分享计划中的激励标的来自目标利润之外额外创造的利润，是指激励对象利用已有的企业资源、自身更具效率的工作方式、更具创新性的工作方法，通过企业平台额外创造的价值。

增量利润分享计划有一个假设前提，即企业的资源状况和市场状况，利润目标是激励对象在正常付出劳动后理所应当创造的价值，而超出目标利润的部分，是需要激励对象额外付出努力才能够创造的价值，分享的也是额外创造的价值，这个额外创造价值的分配必须兼顾激励对象主观能动性的贡献，也需要考虑原有资源的贡献，这也是增量利润分享计划被理解为事业合伙人机制的原因，即激励对象在额外创造的价值分配中享有身股分配的权限，原有股东享有银股分配的权限。使用增量利润分享计划这一工具时，一般会设计阶梯累进比例制，即越高的增量利润部分给予越高比例的分配，这是将增量利润分享计划理解为虚拟股权分红机制的原因。

3. 激励基金计划

激励基金存在不同的名称，包括但不限于业绩基金、业绩奖励、激励奖金、奖励基金、长效激励、长效奖金、激励年金、递延年终奖等，但不管使用何种名称，本质都是一致的，即一种奖金的延期支付模式。其相关因素涉及激励对象、绩效管理及激励基金本身，如图3-7所示。

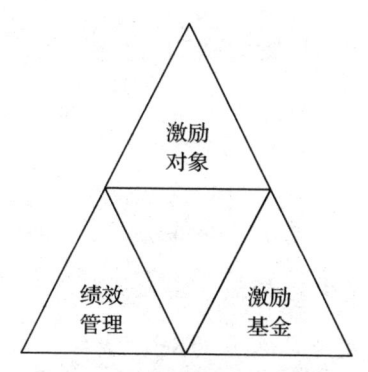

图3-7 激励基金相关因素

一般使用激励基金计划的企业，会在约定特定业绩条件达成的情况下，提前设置一个提取基数，根据业绩达成情况设置不同的提取比例，最终形成一个奖金池对特定的激励对象实施激励，并且这种激励不会一次性发放，而是采取一定的形式逐步发放给特定激励对象。

激励基金计划的目的是促进激励对象聚焦于企业的长期价值增长，收益既可以来自利润部分，也可以来自增量利润的部分，设置的业绩条件不局限于一个经营年度的业绩，而有可能跟战略目标结合起来，对未来3年或5年的经营业绩进行约定。

无论企业如何打造激励机制，也不管企业的激励机制由哪些部分组成，激励现象存在于企业的任何决策和行为之中，是无处不在的一种影响和企业价值观。处于互联网时代的变革企业，需要通过有效的激励机制的建设充分激发和激活干部与员工团队，从而在风云巨变的市场中保持基业长青。激励机制是长效和动态的，员工获得满足的需求也会发生变化，有效的激励机制会积极主动地响应这种需求的变化，从而保持长效的激励效应。

章末案例　京东：无法拒绝的激励

1. 公司介绍

1998年，刘强东在北京成立京东公司，主要以光磁产品代理为主；2004年，京东开始涉足电商领域，由此开始步入快速发展阶段。

京东集团的价值观是"客户为先、诚信、协作、感恩、拼搏、担当"，以"技术为本，致力于更高效和可持续的世界"为使命，目标是成为全球最值得信赖的企业。在这种企业文化背景下，京东集团坚守"正道成功"的价值取向，坚定践行用合法方式获得商业成功。很多有京东购物体验的用户都清楚，在京东商城上购买的商品很多可以做到当日下单当日收货或当日下单次日收货。

在履行社会责任方面，京东集团也不忘初心，在促进就业、支持新农村建设、提升社会效率、带动高质量消费、助力实体经济数字化转型、推动供给侧结构性改革等方面不断为社会做出贡献。尤其是在2020年新冠肺炎疫情期间，京东集团坚持不间断运营，持续保障民生供应和医疗物资运输，多管齐下全力保障抗疫行动的正常进行。

2. 发展需要优秀人才

京东集团从最初创业的光磁产品代理经销开始,历经 20 多年的发展,业务已经覆盖众多领域。庞大的商业帝国及多元化业务的发展,需要大量优秀人才加盟并贡献他们各自的聪明才智。京东的人才观如图 3-8 所示。

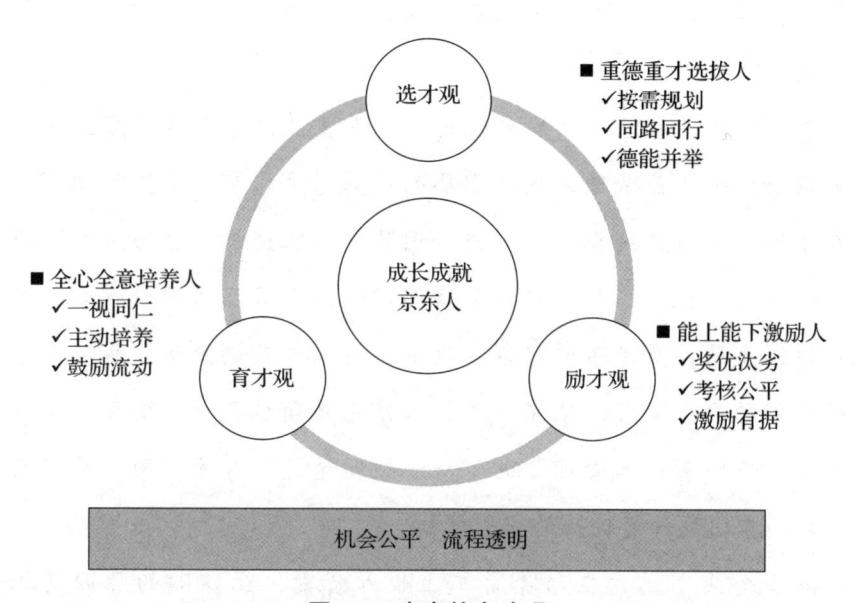

选才观
■ 重德重才选拔人
✓ 按需规划
✓ 同路同行
✓ 德能并举

成长成就京东人

育才观
■ 全心全意培养人
✓ 一视同仁
✓ 主动培养
✓ 鼓励流动

励才观
■ 能上能下激励人
✓ 奖优汰劣
✓ 考核公平
✓ 激励有据

机会公平　流程透明

图 3-8　京东的人才观

京东零售集团坚持"以信赖为基础、以客户为中心的价值创造"的经营理念,持续创新,不断为用户和合作伙伴创造价值。京东数字科技集团以互联网时代的 A(人工智能)、B(区块链)、C(云计算)、D(大数据)等新一代信息技术为基础,为它的客户提供"科技 + 产业 + 生态"的全方位服务。京东物流集团以"技术驱动,引领全球高效流通和可持续发展"为使命,将过去 10 余年积累的设施、经验、技术全面开放,构建值得信赖的供应链基础设施服务商。

京东集团本质上是一家以技术为核心驱动的企业，技术是京东集团各业务板块可持续竞争优势的源泉，京东集团历来都会在以应用服务为核心的自有技术平台投入大量资源，从而驱动全集团各个业务的精益运营、降本增效及有质量的增长。除此之外，京东集团致力于"用技术驱动全社会的数字化转型"，以技术为基石，开放自身沉淀的能力技术，成为以供应链为基础的技术服务企业，携手伙伴、降低行业成本、提升社会效率、追求最大的社会价值，秉持长期主义共创可持续发展的世界。

鉴于长期以来坚持的发展理念和发展重点，京东集团成立京东大学来供应整个商业帝国发展所需要的优秀人才。京东集团意识到自身对人才的诉求与传统企业不一样，因此更加重视混合学习方式，提高学习效果的转化和工作中解决现实问题的能力。互联网时代企业本身都在快速发展，员工不学习根本跟不上企业发展的速度。摒弃为了培训而培训的形式主义，京东大学融入京东集团特色商业智慧，系统性地打造"懂经营，精管理"的"商业管理精英"人才，同时为发展顶尖人才而专门设计前瞻性的培养计划。

很多企业不愿意在培养员工上投入资源，最核心的原因是担心耗费时间、精力和资源培养的人才在学有所成后便离职，成为竞争对手。但京东集团首先在态度上就进行了调整，从上到下达成共识，将对员工的培养默认为投资活动，并认可投资存在风险；其次，京东集团也提出了防止员工学有所成后离职的对策，后互联网时代吸引人才最重要的是留住员工的心，对于投入重资的培养项目，为保证京东集团不会受到重大损失，京东集团也会跟培养对象签署服务协议。

京东集团定期会对面向未来的人才培养进行前瞻性的需求预测，

预测京东集团未来所需人员的数量、质量及类型，在这个基础上，京东集团的人力资源管理人员会去发现和培养如直觉、感知、洞察力、想象力、创造力等素质能够面对后互联网时代快速变化的人才，并且将具备这些素质的人才定义为具备"元能力"的员工。

3. 无边界的企业大学

人才开发与培养是为了解决京东集团多元化发展带来的优秀人才紧缺的问题，伴随着京东集团的发展，这一人才质量储备的举措逐渐演变成京东集团激励机制的一部分，通过满足京东集团员工成长需求而达成京东集团对员工的吸引力和黏性，从而实现激励效果。

在这种背景下，TELink（Talent Eco Link，人才生态联盟）由京东集团发起，以"开放、赋能、共创"为宗旨，倡议具有共同价值观的各类生态伙伴加入，共同探索在人才培养和人才健康流动等方面的创新举措。京东集团的这一举措源于其"正道成功"的核心价值观，核心理念是资源开放、能力赋能和人才共创，从而有效降低投入精力和资源培养员工却为竞争对手做嫁衣的风险。

目前，人才生态联盟平台已经有很多家理事会企业加入和多家合作企业加入，如红星美凯龙、联合利华、可口可乐、中国惠普等。联合人才培养从本质上来说是平台企业间通过轮岗进行人才互换培养，通过轮岗式的人才培养，加深平台企业间的合作，让轮岗者充分感受到不同的企业文化，在新的行业或者专业内提升能力，重新思考自己的观点和理念。

TElink让京东集团及其合作伙伴在人才的选、用、育、留方面形成一个闭环的人才共享和合作机制。一方面，借助京东集团企业大学为整个生态合作企业的人才提供系统性的学习过程，把京东集团及其合作企业的知识、经验和技术进行系统化梳理，明确知识的逻辑体系，然后进行输出，让学习活动真正能够起到促进绩效改进、变革管理、文化融合、战略落地等作用；另一方面，来自产业链上下游的优秀人才集中到一起学习，能够开阔优秀人才的眼界，使其具备对整个产业链未来前瞻性的洞察，优秀人才培养的关键在于建立这些优秀人才在理解战略并能对战略落地过程和团队相关挑战进行诊断和识别的基础能力，进而去理解组织发展的趋势、人才培养的重点和能力提升的重点目标，从而有能力制订相关学习解决方案。京东集团及其上下游合作企业联合成一个平台实施这一事情，能够在短期内将完整产业链条上的优秀人才聚集在一起，这些优秀人才聚集在一起本身就会有互相学习的动机和能力，而且这样的聚集也会赋予来自不同企业的优秀人才一种社会成就感，属于比较高层次的激励范畴。

以京东集团为主要倡导者和实施者的人才生态联盟是一个京东集团及其周边重要合作伙伴的人才培养与赋能平台，可以理解为一家没有边界的企业大学，为整个业态去培养和提升人才的综合素质。而京东集团这种看似是投入自家资源为全行业培养人才的做法，最终会成为这个事情最大的赢家，在这个平台上接受培训的优秀人才首当其冲就是受到了京东集团文化的激励。

4. 无法拒绝的激励

京东集团的发展需要大量优秀人才，而京东集团对优秀人才的培养举措本身就是对这些优秀人才的一种激励。作为京东集团创始人的刘强东，更有一套让员工无法拒绝的激励方式。刘强东曾经在京东集团的早会上承诺："京东的员工只要是在任职期间，无论因为什么原因遭遇不幸，公司都将负责其所有孩子一直到22岁（也就是大学毕业的年龄）的学习和生活费用。"类似的承诺刘强东从来不藏在心中，而是直接向员工坦言，诸如此类的还有：

"不希望一人重病穷三代的事情发生在京东兄弟身上。"

"绝不会开除任何一个兄弟！"

"国家如果给县长涨工资了，我立即给你们涨，我保证我们快递员的收入永远比县长高。"

刘强东通过这种兄弟式、通俗易懂的话拉近同京东集团所有员工的距离，配合着刘强东的原话："我们的大部分员工都是一线的兄弟，都是家里的顶梁柱，一旦出事整个家就毁了，我们希望所有的兄弟都好，但人生无常，公司要成为大家最后的依靠。"试问这样的领导，这样的企业，哪一个打工人不为此而心动？

企业激励机制的目的在于提升企业员工活跃度及工作积极性，由企业最高领导设身处地为员工着想的激励机制，更贴近员工的诉求，起到超出预期的激励效果。刘强东在决策推出为不幸去世员工抚养子女的激励政策时，考虑更多的是京东物流集团一线员工，充分体现了京东集团对这些一线员工的认可，以及这些员工的职业发展、工作和生活间的平衡。

刘强东的承诺只是京东集团激励的具体措施，而且具备不确定性和随机性，基本上是刘强东等京东集团经营者在日常工作中遇到京东集团激励存在的问题后，随时给出的具体解决措施。整体的京东激励，除了人才成长激励、基本薪酬激励之外，还包括经济利益激励、经营者的权力与地位激励、经营者的声誉激励、经营者的企业文化激励等综合和系统性的激励。针对不同层次的员工，京东集团给予不同形式的激励，确保员工各取所需，从而获得对京东集团的归属感。京东集团单2011年、2012年、2013年三个年度用于股权激励的金额已经超过5.5亿元，如表3-2所示。

表 3-2　京东 2011 年、2012 年、2013 年三年股权激励成本统计

京东股权激励成本			
	2011 年	2012 年	2013 年
履约费用（百万元）	38	78	81
市场费用（百万元）	6	9	9
研发费用（百万元）	1	25	33
行政费用（百万元）	26	113	138
激励成本合计（百万元）	71	225	261
激励成本/毛利润	0.36%	0.59%	0.42%

京东集团的激励措施并不是随机地发钱，包括后续实施的员工股权激励，其背后都是结合了京东集团的整个业务逻辑和组织结构，并且随时随地根据实际情况的变化而出台有针对性的具体措施，如刘强东的承诺。唯有动态的、变化的、底层逻辑清晰的激励机制，才能够确保在企业内真正起到激励效果，从最根本上激发员工的主观能动性。

5. 结论与启示

世界处于巨变时代，移动互联网、人工智能、大数据、云计算等技术正在对各行各业进行改造，这种改造不是停留在表面，而是深入到产业价值链各个环节。尤其是在中国，进入互联网时代后，中国企业开始由中国制造向中国智造转型，各行各业从参考创新到完全自主创新，变化激烈程度更胜于其他任何一个地区。要在这个巨变时代获得企业最终的商业成功，实现基业长青，必须重视人才的激励，因为企业的运作终究还是要依靠人力资源来实现。

京东集团成功激励数万名员工，而且这数万名员工还是从一线的配送员到高端的顶尖人才，是一个管理难度跨度极大的群体，让这么复杂和庞大的员工队伍始终保持着积极主动的工作态度、认真敬业的工作状态、标准化的服务输出，京东集团为所有中国企业树立了一个

有效激励的标杆。而京东集团的激励机制能够有效实行，与京东集团发自内心深处认同各个层级的员工有关，刘强东更是以领头人的心态对待所有的员工。

可以预见，伴随着互联网技术的进一步发展，未来中国企业间的竞争将有可能无视行业、无视地域，完全进入到一流核心人才的争夺与保留的竞争上，京东集团的激励机制值得每一位中国企业家深入研究和学习。

（资料来源：作者根据多方资料整理而成）

第四章

约束机制建设

| 开章案例 | 海底捞：高绩效下的高激励 |

1. 公司介绍

海底捞是四川海底捞餐饮股份有限公司名下以川味火锅为主的品牌，由张勇于1994年成立，海底捞经营的火锅以川味火锅为主，也融汇各地火锅特色，经营店面遍布全国各地，是一家大型跨省直营餐饮品牌火锅连锁店。2010年开始，海底捞成立海鸿达（北京）餐饮管理有限公司，专门作为海底捞的外卖品牌。2018年5月17日，海底捞国际控股在港交所递交上市申请；同年9月19日，海底捞确定最终发行价为每股17.8港元；9月26日，海底捞正式登陆香港资本市场。

历经20多年的发展，海底捞已经成长为国际知名的餐饮企业。截至2020年6月30日，海底捞在全球共开设935家直营餐厅，其中868家位于内地的164个城市，67家位于香港、澳门、台湾及海外，包括新加坡、韩国、日本、美国、加拿大、英国、越南、马来西亚、印度尼西亚及澳大利亚等地。

海底捞的品牌形象已经深入人心，在中国海底捞火锅店前动辄排起长龙。很多顾客甚至需要等上1～2小时才能在海底捞火锅店成功就餐，当然顾客在等候的过程中也享受到了海底捞超出同行的服务。

2020年8月25日，海底捞公布了2020年中期业绩报告，受新冠肺炎疫情影响，海底捞上半年净亏损9.65亿元，是海底捞上市以来首次亏损。

2. 将员工当成一家人

谈起海底捞的成功，会让人想起创始人张勇，张勇有着很朴素的价值观，所以在海底捞他倡导客人是一桌一桌抓的、把员工当成家里人。尤其是把员工当成家里人，从海底捞基层员工有免单权、中层员工有开店权、高层员工有决策权就可见一斑。

张勇认为有好过程才能有好结果，但有好结果并不一定有好过程，因此在对海底捞员工的考核中从不考核结果性财务指标，而是考虑满意度、积极性、干部培养等在人力资源管理从业者看来是难以量化的主观性指标，采取这种形式考核，也在一定程度上体现出海底捞将员工当成自家人，对他们充分信任的文化氛围。

在员工培养层面，张勇坚持最好的培训就是传承，因此海底捞主要采用师傅带徒弟、从上往下带的形式来培养员工，一个员工一旦被培养到一定层次，海底捞就会帮助他们去开设新的火锅店。店长的薪酬制度中包含了带徒弟的激励，如图4-1所示。

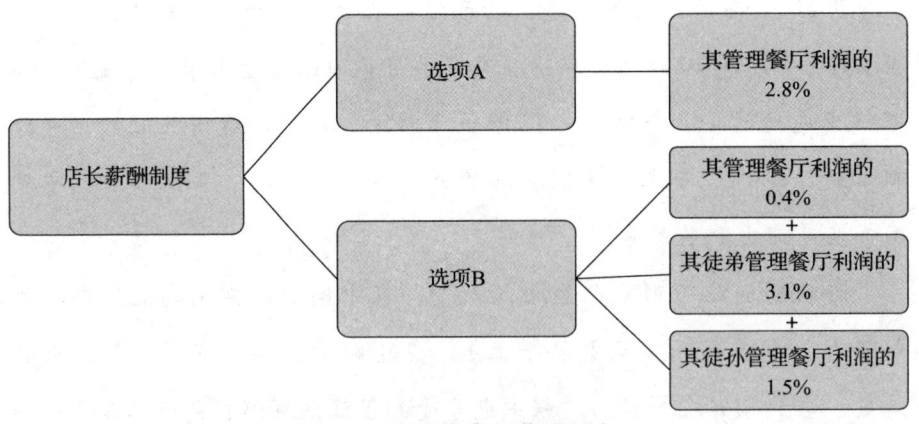

```
                    ┌─ 选项A ─── 其管理餐厅利润的 2.8%
                    │
店长薪酬制度 ───────┤           ┌─ 其管理餐厅利润的 0.4%
                    │           │              +
                    └─ 选项B ───┼─ 其徒弟管理餐厅利润的 3.1%
                                │              +
                                └─ 其徒孙管理餐厅利润的 1.5%
```

图 4-1　海底捞店长薪酬制度

资料来源：海底捞招股说明书。

当然，海底捞的激励机制虽然朴素却卓有成效，匹配了基层、中层、高层员工各层面的需求，真正把握了员工的内在需求。海底捞无论是薪酬体系设计，还是员工职业生涯管理与晋升管理，甚至分授权系统设计等，均包括了经济激励和将员工当成家人的精神激励。

3. 高激励下的高约束机制

海底捞发展到现在，不是靠张勇不断地"画饼"及海底捞员工"用爱发电"，实际上，海底捞的经济激励措施并不比任何一家同行少。海底捞的短、中、长期薪酬激励体系的核心策略包括短期工资水平处于市场50分位以上、中期奖金与分红、长期股权激励三个层面，三个层面累加的经济效益超出同行很多。除经济激励外，海底捞的激励机制始终强调把员工当成家里人，所以还有海底捞独有的"嫁妆"、所有的管理者必须从服务员干起、只要坚持就能够凭双手改变命运等非经济激励机制。海底捞从长远的事业动机、职业成长和社会成就方面激励员工，并帮助员工规划好职业生涯。

在这种激励机制下，海底捞的约束机制同样标准很高。海底捞内部员工间不是朋友就是亲戚，情感纽带非常牢固，因此，彼此间能够相互约束。另外，海底捞还强调高层以身作则，强调行为规范不是写出来的，而是靠以身作则传承下来的。

现代管理学认为约束机制本质是对员工的行为进行限定，使其符合企业的发展要求。约束机制的核心是企业的绩效考核体系和职业化行为评价体系。海底捞的约束机制除没有以KPI为主外，基本符合现代管理学对约束机制的要求。

海底捞除正向的激励外，还有强制性的竞争淘汰机制，通过竞争淘汰机制定期将不适合组织发展需要的员工淘汰掉，将外部人才市场的竞争压力传递回组织中，实现对海底捞人力资源的激活。在海底捞，竞争淘汰机制主要体现在竞聘上岗制度与末位淘汰制度。

实际上，海底捞更多的约束机制是依靠内部"人盯人"的形式来执行，即张勇提到的约束主要靠内部监督，为此有一些铁律被海底捞提炼出来，如不能吃苦在海底捞待不久；不讲诚信海底捞永不录用，哪怕曾经立功无数；不能胜任则直接退居二线。

4. 人才退出机制

海底捞在看起来原始的激励与约束机制下取得的成就令人瞩目，激励机制与约束机制主要针对海底捞的在职员工，对退出海底捞的人才，海底捞的做法同样极富人情味。海底捞小区经理（大概管5家分店左右）离开，海底捞会一次性给予20万元；海底捞大区经理离开，海底捞会送一个火锅店。这些极有人情味的退出机制，使人才即便离开海底捞，心依旧与海底捞绑在一起。

有一本书叫《海底捞你学不会》，对海底捞的授权和信任员工进行了充分介绍，总结出海底捞放心、大胆地授权给员工的原因是有五层机制设计的防线存在，分别是员工的道德自律性、特殊的选拔制度、为举报人保密且奖励举报人的制度、成熟的监察流程制度和举报一定要举证。这一系列的措施如同将所有滥用权力的员工摆在海底捞全体员工的对立面，使其根本没有在海底捞的生存空间。在门店基层员工层面，海底捞也采用计件制的薪酬制度来激发员工的工作积极性，如图4-2所示。

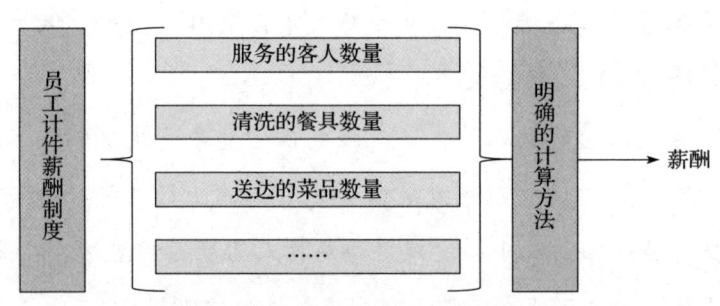

图4-2　海底捞门店员工计件薪酬制度

资料来源：海底捞招股说明书。

海底捞对在职员工给予高薪激励和成长机会与空间，对离职员工给予人情化安排，用员工来监督员工。海底捞取得成绩的关键在于贯穿其核心价值观的激励机制及对应的约束机制，并不是一种偶然的成功。

5. 结论与启示

利润是企业经营的根本，而人才则是企业获得利润的前提。海底捞及其创始人张勇对人才下了苦功夫，甚至将海底捞的每一个员工都看成是独一无二的人才。朴素的价值观让海底捞坚持把人才用好，设计相应机制夯实人才管理措施，激励人才创造更多的价值与绩效，通过各种手段让人才与海底捞的利益实现充分捆绑。

对绝大多数企业而言，海底捞的激励约束机制值得学习和借鉴，无论企业文化宣传得如何，对人才的尊重与信任必须构建在具体的行动基础上，而不只是放在口头或形成文字，更多是需要企业自上而下的实际行动。

（资料来源：作者根据多方资料整理而成）

基于激励的约束机制伴随着现代企业的发展而发展，当企业的所有权和经营权发生分离时，由于存在委托代理成本及经理人利益短期化的现象，企业所有者和企业经营者间的利益开始不对等，因而需要激励机制激发企业经营者和员工的工作积极性，同时，也需要约束机制规避经营者和员工的短期利益导向。在现代企业所有权与经营权分离之初，一般所有者与经营者通过契约构建激励与约束机制。

由于完全契约只是一种理想主义产物，员工个体的理性和环境的预测均存在不确定性，因此，单靠契约精神形成的激励与约束机制并不能有效地保障互联网时代下的企业经营。由于所有者和经营者间达成的契约具有不完备性，使企业出现契约以外的权利和义务、收益和风险,这些对所有者与经营者来说都十分重要,对这些额外部分的分配和约束既是激励经营者最重要的因素,也是经营者激励约束问题提出的逻辑前提。

第一节　约束机制的必要性

有效的激励机制必须配套对应的约束机制,否则,激励机制可能会成为形式主义。基于激励的约束主要考虑四个问题:第一是激励约束的产生或前提条件,即在什么条件下需要对激励对象进行激励约束;第二是激励约束的必要性,即为什么要对激励对象进行激励约束;第三是激励约束的方式和评价,如何保证这个过程既不违背激励本身,又不会滋生新的不公平;第四是激励约束机制的运作过程,即激励约束机制如何运作。

一、激励约束的前提条件

当企业的目标需要通过雇员的行为来实现时,就存在激励与约束问题。从这个维度上看,激励约束问题从人类社会开始进行合作生产、生活时就已经存在。从互联网时代企业管理的角度来看,激励与约束产生的前提条件首先是现代企业与雇员间的雇佣关系成立,其次是人力资源作为生产要素之一,通过激励可以产生超出原本价值的增量价值。

实际上,在进入互联网时代之前,企业与雇员间的雇佣关系已经成立,人力资源作为生产要素能够在充分激励的前提下产生更大的增量价值也被无数企业的实践所证明,因此,激励约束的前提条件均已达到,激励约束机制在企业内兴起有其必然性。

二、激励约束的必要性

激励的方式主要包括报酬激励、目标激励、工作激励和文化激励。无论是哪一种激励方式，都必须要遵循目标一致原则、物质激励和精神激励相结合原则、外在激励和内在激励相结合原则、按需激励原则、激励与约束相对应原则和激励的公正性原则。

激励约束机制是调动员工积极性的基本途径和重要手段。激励机制可以正面刺激员工发掘自身的潜力，而约束机制可以反向逼迫员工发掘自身的潜力，两者一正一负、一牵引一推动，相辅相成，共同在员工激发潜力层面做出努力。

三、激励约束机制的方式和评价

上一章提到激励的内核是满足激励对象的真实需求。员工个体的动机是由所体验的某种未满足的需求或未达到的目标所引起的，只有需求达到满足，激励对象才会有较高的积极性。

激励对象各种各样的需求是激励约束的基础，激励的方式只有针对激励对象的需求才能产生积极的效果，引导激励对象向高层次的需求发展，必要的约束机制保证激励对象按照企业引导的方向前进而不发生偏移，因为一旦偏移将不能获得激励且需要受到惩罚。

有效的激励约束机制必须以科学的评价体系为保证，通常使用的手段包括绩效评估体系和对激励手段有效性的评价。激励的目的是通过充分激发激励对象的主观能动性从而获得较高的绩效，没有科学的绩效评价体系则无法评定激励是否有效。随着企业的发展和激励对象自身的成长，激励对象的需求也会发生变化，普遍规律是由低层次需求向高层次需求变化，唯有通过对激励手段的评价才有可能随时把握激励手段的有效性和激励对象需求的变化，从而具备调整激励政策的前提，达到持续激励的效果。

四、激励约束机制的运作过程

实施激励约束机制的核心前提是企业与经营者签订委托代理合同，由于股东大会和经营者了解的企业实际运作情况与企业所面临的市场变动情况存在信息不对称，因此委托代理合同并不能完全将所有需要考虑到的问题进行罗列，而企业内部的经营约束机制可以对之进行补充，将一些对经营者的隐性激励因素考虑进来，并对诸如经营者报酬计划等显性激励措施产生影响。

约束机制与激励机制就如同一个硬币的两面，缺一不可，如果没有约束机制匹配激励机制，那么无论使用何种激励工具，激励机制终究还是要失去其本身的效果，即便有短暂性的激励效果，最终还是会因为缺乏约束机制而导致激励失效。

第二节　约束机制的有效性

约束机制并没有完全作为一个独立的机制运作，在互联网时代，有很多企业将激励机制和约束机制彼此独立，在一定阶段也能起到经营管理的作用，但更多企业将两者合二为一，统称为激励机制。企业使用的主要约束机制包括四大方面，分别是利益约束、行为约束、责任约束和权力约束。

绩效管理是一种常见的管理手段，可以将以上四个方面的约束机制囊括进去，也是互联网时代企业在基于激励的约束机制层面最受欢迎的约束机制形式之一。

一、绩效管理的理念

绩效管理是管理员工的基本工具，是促进战略执行落地的方法之一。传统的绩效管理侧重于对员工的业绩进行考核，然后实施奖励或惩罚。现代企业的绩效管理越来越将这种对"历史"的评价转化为具有前瞻性的、以发展为导向的管理机制。员工通过绩效管理提高技能，企业通过提高员工的业绩实现整体的目标。

一般企业的绩效管理体系由计划、辅导、评估、改进形成的PDCA循环组成。它是一个设定目标，提供正式或非正式的跟踪反馈，并进行评估的循环流程。绩效管理体系包括四个流程：制订计划、跟踪辅导、评估反馈，以及根据评估结果给予激励和回报。绩效管理体系的运作流程如图4-3所示。

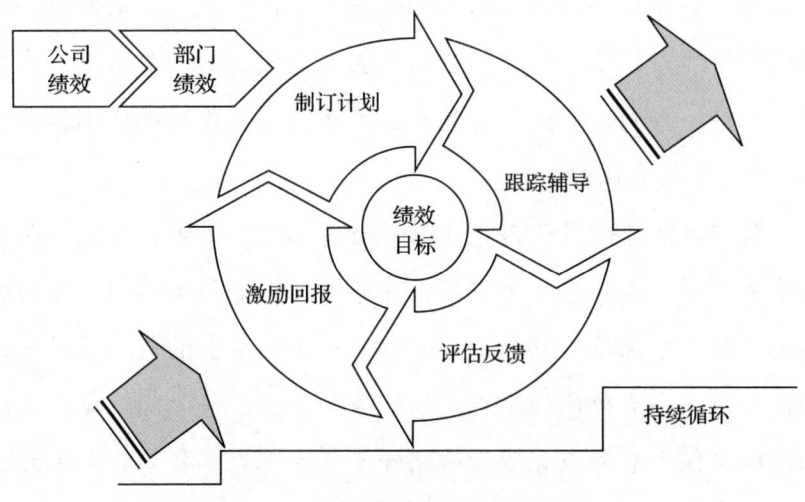

图4-3 绩效管理体系的运作流程

二、绩效管理的目的

除作为激励机制的配套约束机制外，绩效管理不同于绩效考核，还承担着战略、管理和发展等方面落地工具的职能。绩效考核只是单纯地对考核对象某一时期（考核周期内）的工作成果进行评价和回顾，并最终给出绩效考核成绩，作为部分管理功能运作的一个依据，如绩效工资的发放、员工晋升的依据等。绩效管理则是指管理者和员工为达到组织目标，共同参与绩效计划制订、绩效辅导沟通、绩效考核评价、绩效结果应用、绩效目标提升的持续循环过程，绩效管理的目的是持续提升个人、部门和组织的绩效。

1. 战略目的

绩效管理的战略目的是通过绩效管理体系将员工工作活动与组织目标联系起来，确保员工个人目标与部门、公司目标相匹配。在现实工作中，有很多员工会根据自己个人的兴趣爱好和主观目的等因素，将工作的重心放在一些与战略不相关的工作任务上，结果使这一部分工作的成果严重超出标准，一方面失去了完成战略相关重点工作任务的时间；另一方面也将这一部分非战略相关工作成果的成本推高，降低了企业的资源利用效率。

一般绩效管理体系会将企业的战略目标层层分解，首先分解到对应的业务单元，其次进一步分解到业务单元中的各个部门，最后由部门分解到每一个岗位上的员工，确保每一个岗位上的员工通过完成分解的任务目标去支撑部门重点工作任务的达成，各个部门重点工作任务的达成又作为业务单元成为战略任务的支撑点，各个业务单元战略目标的达成促使企业的战略目标获得自下而上的支撑。

2. 管理目的

绩效管理的目的指通过绩效管理体系建立健全的内部监督机制，促进管理制度化、标准化。绩效管理的成绩可以为企业在薪酬管理、岗位晋升、员工保留、员工培养、员工淘汰等多项管理决策中提供必要依据。当然，整个绩效管理体系在运作过程中会反复校验，以确保整个绩效管理评价阶段的公平公正，以及所得出的结果是企业全员都能够接受和认同的。

很多企业在绩效管理过程中会融入企业文化对各级员工的要求，设置每一个员工的绩效目标时，会匹配企业文化所要求的行为规范目标、工作态度目标及工作能力提升目标。

可以说，绩效管理是企业内部各级管理人员一项最基本也是最有效的管理工具，特别是在互联网时代，互联网原生代已经成为职场的主力军，使用绩效管理这一工具，可以帮助管理者更好地履行管理职责。

3. 发展目的

绩效管理体系的发展目的指通过绩效管理体系公平、客观评价员工的工作业绩，让员工获得成就感的同时提升自身能力和素质，从而获得更好的绩效评价，真正实现人力资源的竞争优势。

实施绩效管理体系的目的是持续提升个人、部门和组织的绩效，而不是通过指标的设置将员工分成三六九等。绩效管理体系是一个动态的体系，当员工达到某些绩效目标已成为普遍现象时，那么将面临提升该项绩效目标的挑战值；同样，当员工在某项绩效管理中的评价已达到最高时，可能不再将该项指标纳入员工的绩效评价维度内。

三、绩效管理体系的特点

不同绩效管理体系往往存在不同特点，但无论是哪种绩效管理工具，结果导向、持续改进、全员参与和均衡发展四个特点都不会发生改变，所有的绩效管理工具都具备这四个特点。

结果导向指的是以公司发展战略、经营目标和经营计划为导向，设计公司级、部门级、岗位级的关键绩效指标，以关键绩效指标的结果来衡量公司、部门、管理者、员工的绩效现状并进行激励；持续改进是指通过计划、辅导、评估、改进形成持续的业绩改进；全员参与指的是通过绩效指标和工作目标自上而下的层层分解，落实到每一位员工身上，实现绩效管理的全员参与，同时，从岗位到部门、部门到组织、组织到企业自下而上层层支撑，最终确保企业战略目标的实现，体现企业内部全员共同努力的结果；均衡发展是指平衡考虑业绩目标和员工发展间的关系，通过绩效评价结果引导员工提升能力的方向。

四、绩效管理体系的组织

有效的绩效管理体系需要有各方的支持、参与和协作，甚至包括最基层员工对绩效文化的理解、倡导及践行。一般企业的绩效管理体系组织由公司决策层、人力资源部和各业务部门负责人共同组成，如表4-1所示。不同组织承担不同的职责，既有分工，也有协作。

表 4-1 不同组织在绩效管理体系运作过程中应承担的主要职责

组织	主要职责
公司决策层	1. 提出公司绩效管理的总体要求 2. 负责绩效管理体系的解释和修订 3. 负责对考核结果进行最终审批 4. 负责对考核过程中出现的申诉、争议进行仲裁
人力资源部	1. 负责部门、管理者和员工季度、年度考核工作的组织实施 2. 对各部门的考核工作提供指导和支持 3. 监督检查各部门绩效考评的实施过程，对考核过程中的不规范行为进行纠正与处罚 4. 负责建立考核档案，作为薪酬调整、职级调整、岗位调动、培训、奖惩等依据 5. 组织应用考核结果，根据考核结果，制订人力资源发展计划，并组织实施 6. 收集公司内部对考核工作的反馈意见，并进行分析和汇报 7. 协调、处理各级人员关于考核申诉的具体工作
各部门负责人	1. 负责所分管下属的季度、年度考核工作，汇总、统计本部门的考核结果并报人力资源部 2. 负责对本部门考核工作进行监督管理 3. 负责帮助下属制订工作计划、考核指标和考核标准 4. 负责追踪、收集下属的绩效指标数据和考核评分 5. 负责下属的绩效面谈等考核结果反馈工作，帮助其制订绩效改进计划，并辅导其达成绩效目标 6. 负责在各自职能范围内，将相关部门的业绩指标完成信息编制成统计报表，提供给考核人 7. 配合人力资源部协调、处理本部门的考核申诉

五、绩效管理体系的要素

任何一套成功的管理体系均存在一定的要素，绩效管理体系也不例外，绩效管理体系有以下一些要素，如绩效合约、绩效指标和绩效结果三个要素。三个要素分别代表着绩效管理体系的形式、重要抓手及结果应用三个层面，彼此既联系又相互独立，共同促进企业绩效管理体系有效运作。

1. 绩效合约

绩效管理体系一般采用绩效合约的形式实施和固化，即在整个公司范围内通过各级管理者和员工自上而下地签订绩效合约。一般包括公司的经营绩效合约和部门负责人的绩效合约两大类。员工与部门管理者间的绩效合约直接用绩效考核表单代替，考虑到时间成本，不专门签署绩效合约。公司的经营绩效合约按年度制订，主要内容包括年度关键业绩指标和重大工作任务，以《经营目标责任书》的形式固化，由总经理带领经营班子与企业的董事长签订。部门负责人的绩效合约也是按照年度制订，主要内容包括部门年度关键业绩指标和重大工作任务，以《部门绩效合约》的形式固化，由部门负责人代表整个部门与经营班子里的主管领导签订。

2. 绩效指标

绩效指标是将企业各层级的绩效以量化形式输出的重要载体。关键绩效指标（KPI）是用于衡量组织和员工工作绩效表现的量化指标；岗位职责指标（PRI）是用于衡量每个岗位由岗位说明书所赋予的核心工作职能的完成情况；工作任务指标（GS）指在关键绩效指标之外，由上级交办的、与本部门或岗位职责相关的重要工作任务，这部分指标由绩效管理者和管理对象在制订绩效计划时根据近期工作重点协商确定。

通过关键绩效指标，可以把公司的战略目标分解为可操作的工作目标，实现公司战略目标的落地；通过岗位职责指标可以衡量部门或岗位工作的具体履责程度，也是对员工工作职责的关键评价；通过工作任务指标可以明确为了支持 KPI 的完成所必须要做的工作，虽然其战略相关性不如 KPI，却同样会占据绩效完成者大量的工作时间，这种时间上的消耗也将作为员工绩效评价的一部分。

3. 绩效结果

绩效指标设置清晰、绩效目标设定清楚，根据实际完成情况和目标值对比，按照既定的评分规则进行评价，会直接得出绩效完成者的绩效成绩，一般会有强制分布和分值分布两种确定被考核人绩效结果的方法，如表 4-2 所示。

表 4-2　绩效结果对应绩效等级的两种方法

绩效等级	绩效等级描述	强制分布	分值分布
A+	卓越：远远超出绩效期望	全体排名取靠前的 10%	≥ 120 分
A	优秀：明显超出绩效期望	全体排名取靠前的 10%～25% 之间的	≥ 100 分，且小于 120 分
B	良好：基本达到绩效期望	全体排名取靠前的 25%～50% 之间的	≥ 80 分，且小于 100 分
C	合格：跟绩效期望有差距	全体排名取靠前的 50%～90% 之间的	≥ 60 分，且小于 80 分
D	需改进：未达到目标	全体排名取靠后的 10%	小于 60 分

强制分布是指将所有参与考核的绩效完成者的绩效成绩排在一起，根据得分由高到低进行排列，选取靠前的一定比例作为第一绩效等级，再选取一定的比例作为第二绩效等级，以此类推，直到所有参与绩效结果排名的绩效完成者全部被放入不同的绩效等级里。在这种方式下，员工绩效优秀还不够，必须要比其他员工更优秀才行。

分值分布是指将不等的绩效等级直接对应得分区间，所有的绩效完成者根据实际的绩效成绩对应出不同的绩效等级。这种做法的优势是让绩效管理显得稍微平和，不容易招致内部的矛盾，也能够让参与绩效管理的员工接受，一般用在企业推行正式的绩效管理初期。这一做法不好的地方在于容易让绩效评价者充当老好人，普遍给予绩效完成者与实际绩效存在偏差的高分。

在互联网时代，将信息技术应用到企业管理中的现象越来越普遍，未来对于基于激励的约束机制必然会产生更多的形式和工具，甚至会有不同底层逻辑的约束机制，但就目前的企业实践而言，绩效管理依旧是一项行之有效的激励机制，而且企业在日常经营管理中，积累了数量庞大的绩效管理体系实践案例，可以在外部获得较多的可借鉴案例，因此制订约束机制时可以考虑运用绩效管理体系。

■ 小节案例 ｜ 金地集团：三合一的激励约束机制

金地（集团）股份有限公司（以下简称金地集团）成立于1988年，1993年，开始经营房地产；1994年，实施多元化产权结构的改制；2001年4月，在上海证券交易所正式挂牌上市。历经20多年的探索和发展，金地集团如今已经成为一家以房地产开发为主、多种业态复合的上市企业。

1994年，金地集团的经营班子针对自身问题，按照现代企业管理理论，进行大胆地创新和改制，构建了独具特色的多元化产权结构，即以员工持股作为企业的产业结构，以考绩考评双结合的管理，外加创造精品的品牌经营形式。

通过工会代理员工持股的形式，避免因为股权过于分散而导致企业决策效率降低的问题。股权结构的清晰使金地集团可以依托产权结构设计科学、合理的企业治理机制，考绩考评双结合的管理就是在这种背景下建立起来的。考绩考评双结合管理，目的在于解决企业评价人的难题，可以避免评价人唯业绩论，可以从更多角度综合评价人。

为使内部激励机制与外部压力机制有效结合，金地集团建立了考核标准、评价方法，严格按既定程序进行考绩考评，赏罚分明，努力避免人为因素干扰。金地集团内部上下全员参与考核，各方既是考核的主体，又是考核的客体。

不难发现，金地集团的考核既考核员工业绩，也评价员工素质、职业道德与发展潜力等；同时，金地集团还始终贯彻对员工的考核不是追究责任，根本目的是找出问题并予以解决，在解决问题的过程中实现员工能力的提升，将考绩考评结果作为员工制订职业生涯规划的核心依据。

金地集团的员工股权激励与治理架构、考绩考评双结合的管理既体现了科学性，又体现了人性化、利益分配向奋斗者倾斜等，处处都体现了对人的重视，充分调动了员工的积极性和主动性。对进入互联网时代的企业而言，人才在知识经济时代的地位将会得到空前提升，约束机制并不是单纯地对人才进行约束和控制，而是要与激励机制结合，把激发人才的积极性、创造性放在最核心的地位。

（资料来源：作者根据多方资料整理而成）

第三节　建立绩效管理约束机制

建立基于激励的绩效管理体系这种约束机制，大体逻辑是按照绩效管理的过程而定，每一个环节都会有需要注意的细节。

一、绩效计划

　　绩效计划的目的在于向企业全体人员传达企业的战略目标，在战略目标框架下分解得出的企业年度经营计划，确保企业内部所有人都明确组织的战略发展目标和方向，以及企业对全体人员绩效目标的期望，确保企业内部每一个岗位上的员工都能理解并认同他们的绩效目标和所要承担的责任，保证在绩效计划正式实施前每一个岗位上的员工都理解和清楚他们的绩效结果如何同他们的回报挂钩。

　　绩效管理体系最重要的特点是将个人目标同组织目标有机地结合起来进行统一衡量，一旦组织目标明确下来，就需要被分解到各个部门并最终分解到每个岗位上的绩效目标中去，因此，在制订绩效计划阶段要确保个人目标和组织目标完全耦合，组织目标逐层分解得出个人目标，个人目标完全达成后又可以层层支撑组织目标的达成。

　　制订绩效计划一般由上而下，先是企业战略目标分解得出企业的年度经营计划，进一步分解年度计划，形成各部门的年度计划，再将部门年度计划分解到部门内部的各个岗位上。在这个过程中，还需要从时间维度上进一步将年度计划分解为季度计划甚至是月度计划。

二、目标调整

　　经由绩效计划步步分解的绩效目标并非一成不变的，当组织的战略目标发生变化或因组织架构调整、工作环境、背景等原因发生岗位职责变化时，具体岗位上的绩效承接者的目标会随之发生变化，因此，建立绩效管理体系时需要考虑目标调整机制。通过目标的调整可以确保每一个岗位上的绩效承接者明确组织的目标和方向，使个人目标与组织目标更具一致性，同时，可以通过目标调整确保绩效评估更准确地反映被考核人的工作内容和实际的绩效表现。

一般目标调整不允许太频繁，可以在企业年度考核过半时举行的年中经营会议上调整，董事会可以根据半年经营的具体成果，考虑是否需要调整目标。目标调整的流程如绩效计划一样，是一个从上而下的过程。如果组织目标不变，只是因为绩效承接者个人的职位、岗位职责发生变化而进行的目标调整，则由其绩效评价者与具体的个体单独交流进行。

三、辅导与反馈

定期的绩效辅导与反馈是绩效管理体系区别于绩效考核的主要特征之一，不断地同绩效承接者进行沟通，保证他们始终明确组织的目标和方向，特别是当组织的战略和目标发生变化时。定期的绩效辅导与反馈也是绩效评价者对绩效承接者的实际绩效情况不断地跟踪关注，以确保绩效承接者的工作成果达到工作标准，并在这个过程中不断地提供反馈意见以指导绩效承接者完成工作，是绩效评价者收集过程中的数据和事例的一种重要手段。定期的绩效辅导与反馈可以加深绩效评价者和绩效承接者间的关系，保证绩效承接者明确自己需要对绩效结果承担的责任，绩效评价者也可以通过定期的绩效辅导和反馈及时鼓励和表扬激励绩效承接者。

实施绩效辅导和反馈时，绩效评估者需要注意的是，对绩效承接者在考核期内发生的与绩效目标相关的重要事件要进行定期或不定期沟通；可以根据绩效承接者对工作执行与责任承担的情况决定沟通频率，一般不低于一个月一次；沟通并非一定要采取召集会议的形式，正式和非正式的沟通都可以达成绩效辅导和反馈的目的；绩效辅导和反馈不是一时心血来潮的动作，而是一个持续不断的过程，通过持续辅导、反馈和改进督导，最终实现绩效承接者工作能力和绩效成绩的双提升的目标。

四、绩效评价

绩效评价在绩效管理体系中属于输出结果的重要环节，是指绩效评价者根据绩效计划周期内绩效承接者的具体工作、工作成果数据、具体工作事例，按照绩效计划里事先约定的绩效评价规则，输出绩效承接者具体绩效成绩的过程。通过绩效评价可以确保绩效承接者明确自己的绩效状况，确保绩效承接者通过积极地参与绩效评估过程管理来提升他们对绩效目标的责任意识，通过绩效评价过程确保绩效承接者能够接受最终的绩效评价结果。

1. 绩效评价的原则和流程

绩效评估一般采用定量计算或定性分级量表来进行，主要目的是增加绩效评估的客观性并减少绩效评价者和绩效承接者间的分歧。绩效评价者与绩效承接者应该采用面谈的方式反馈绩效评估结果。除此之外，绩效评价者还需要与绩效承接者共用沟通交流并确定针对本期绩效评价中不足点的具体改进计划，作为下期绩效评价的一个关键点。

绩效评价的流程采取的是上下包抄的形式，即根据企业财务数据对公司级的绩效进行评价，与此同时，各基层岗位的绩效承接者根据具体的工作表现和绩效评价者在绩效辅导和反馈中收集到的数据和事例对基层岗位的绩效结果进行绩效评价，最终在部门干部这个层面进行汇总并校验绩效目标的彼此关联性和支撑性，作为下一期绩效计划制订的依据之一。

2. 制订下期计划

在绩效评价与考核完成后，绩效评价者与绩效承接者应进行不低于15分钟的单独面谈，面谈内容包括反馈绩效评估结果、共同分析上期绩效计划执行过程中存在的优缺点及其原因、提出相应的改进措施，这些面谈的内容将作为绩效改进计划并入下一期绩效计划中。根据绩效评价的周期，绩效评价者和绩效承接者还需要确定是否就下一期的绩效计划签订新的"绩效合约"。

3. 绩效评估的关键点

绩效评估最终落实到计算出绩效承接者的绩效得分，根据绩效目标建立时确定的数据收集方式，数据应在规定的时间内生成。绩效评估者在评估流程开始时输出绩效承接者的具体绩效数据，企业的人力资源部应该关注整个绩效评价过程的实施，确保数据的准确性、事例的真实性，并且监督绩效评价者在绩效评价的过程中没有受到干扰。

作为这一过程中最为关键的绩效评价者，可以通过如图4-3所示的问题进行自我检验，确保整个绩效评价过程的公平、合理。

表4-3 绩效评价者自我检验问题清单

考核人应确保的问题	是	否
是否与被考核人进行了一对一会谈		
会谈中是否进行了有效的双向沟通，是否倾听了被考核人的观点		
是否充分认可了被考核人的成就		
是否发现了影响绩效的各种因素		

续表

考核人应确保的问题	是	否
是否讨论出解决这些绩效问题的初步方案		
是否与被考核人就行为能力做出评估，并确定了下一年度的发展方向和领域		
是否做出了最后的评分		
通过一对一的绩效面谈，被考核人是否提高了工作的动力		

五、绩效申诉

作为行之有效的绩效管理体系，并且能为互联网时代企业的激励机制提供约束基础，必要的绩效申诉机制可以确保绩效管理体系更加公平和有效地评价绩效承接者的实际绩效表现。

当绩效承接者对绩效评估结果有与绩效评价者不同意见时，可以先与绩效评价者进行充分沟通，若依然无法统一意见，允许绩效承接者向人力资源部提出申诉。人力资源部收到关于绩效评价结果的申诉后，应及时核实情况、组织绩效评价者和绩效承接者及必要的第三方进行协商处理，如果依旧无法达成一致意见，则应该交由企业决策层进行仲裁。

一般原则是对申诉事项无客观事实依据，仅凭主观臆断的申诉不予受理。若绩效承接者的申诉情况属实，应责成绩效评价者重新进行绩效评估，并酌情对绩效评价者进行处理。绩效承接者在申诉处理期间不得因此影响正常的工作秩序，否则，当期绩效等级直接被判为最低级。

六、绩效结果应用

绩效管理体系中重要的一环是企业对绩效评估结果的应用，包括绩效承接者根据其绩效表现而获得的奖金、晋升、培训等奖励。人力资源管理的各个模块职能都是相互紧密联系的，绩效管理体系的绩效评价结果在人力资源管理实践领域应用的范围比较广，但从保障绩效管理体系成功运行的角度出发，一般会将绩效管理体系的绩效评估结果应用到薪酬回报、培训体系、职业生涯设计、人员配置和组织发展五个方面。

七、绩效管理体系实施的关键

除了在所有过程中严格按照流程和绩效管理体系的要求来执行外，企业建立有效的绩效管理体系还需要注意两个关键问题。

1. 决策层的支持与参与

建立绩效管理体系的根本目的是实现绩效承接者个人目标与公司目标的统一，企业决策层应充分重视目标制订对业绩管理的影响，积极参与绩效管理的全过程。企业决策层在支持与参与绩效管理体系建立的过程中，可以充分向各个部门的绩效承接者传达公司的业绩目标及实现情况；协助各个部门制订目标，并关注如何加强团队的合作性；跟踪各个部门、岗位绩效目标的实现情况，及时提出反馈信息；直接给予绩效承接者最公平、公正的绩效奖励。

2. 绩效评价者的素质

绩效管理不是通过严谨的科学推算而得出预期业绩结果的过程，无论工具如何先进，绩效管理都带有相当程度的主观性，绩效管理体系成功的一个重要因素是绩效评价者的个人素质。

作为绩效评价者，一般需要具备娴熟的沟通能力、成熟的判断能力、严谨的计划与组织能力、高效的执行能力等。绩效管理体系是否能够有效地实施在很大程度上取决于公司各级绩效评价者的素质与能力,所以,建立绩效管理体系从某种角度上说也是对企业绩效评价者团队管理水平的一种检验。

如果企业建立行之有效的绩效管理体系,并对企业内部的激励机制提供支撑,关注绩效管理体系运作流程中的每一个细节,基本上不会存在任何问题。但企业在建立绩效管理体系的过程中,也应该清楚罗马不是一天建成的,任何管理体系在企业内部生根发芽都需要一个循序渐进的过程,不能操之过急。

■ 小节案例 | 长虹电器:"三位一体"的绩效约束机制

四川长虹电器股份有限公司(以下简称长虹电器)成立于1958年,1994年3月11日,在上海证券交易所上市;2005年,长虹电器进入世界品牌500强榜单。

长虹电器认为管理价值始于战略止于财务结果,因此在绩效管理的工具选择上,长虹电器选择了基于战略分解的平衡计分卡(BSC),分为部门绩效考核和个人绩效考核两大类,覆盖范围达到每一名员工。长虹电器关注个人当期业绩,更关注员工实现业绩的方式和行为。

长虹电器的绩效实施分为八个步骤,基本上能够将企业的长期战略目标层层分解,逐层分解到部门及每一个具体岗位,自上而下的目标分解形成了各级考核责任主体对公司整体目标的承接,又自下而上地对公司整体目标的实现提供支撑。

正是由于考核目标的逐层分解,在整个绩效目标确立的过程中,长虹电器的领导班子对公司的业绩增长、盈利和风险控制的意图逐一深入最基层的岗位，形成"三位一体"的绩效约束机制。很多企业在绩效管理实操中，容易陷入为考核而考核的思维误区，从而导致各部门、各岗位的绩效目标横向不联、纵向不通，绩效管理也变成了认真地走形式。

（资料来源：作者根据多方资料整理而成）

第四节　不要为量化而量化

谈起绩效管理体系，尤其是绩效管理体系中的重要环节——绩效指标时，绝大多数企业管理者脑海中第一时间浮现的一定是 SMART 原则，如图 4-4 所示，该原则曾经一度影响很多企业的绩效管理实践。

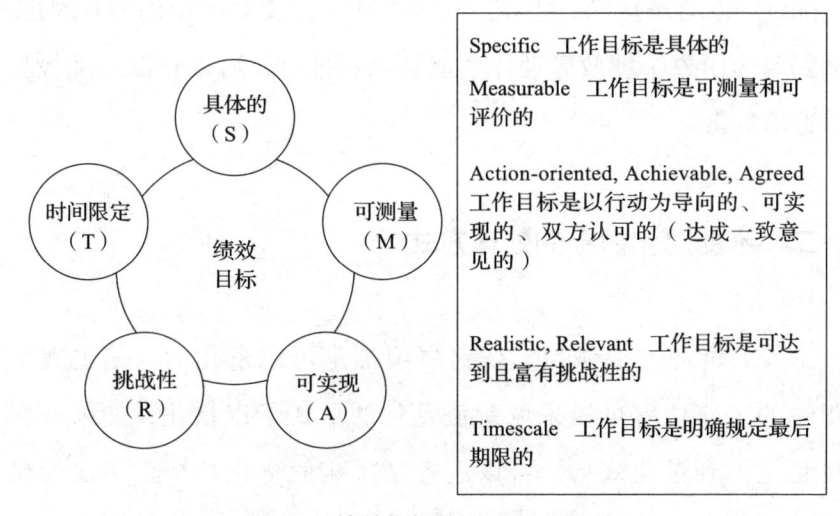

Specific　工作目标是具体的

Measurable　工作目标是可测量和可评价的

Action-oriented, Achievable, Agreed　工作目标是以行动为导向的、可实现的、双方认可的（达成一致意见的）

Realistic, Relevant　工作目标是可达到且富有挑战性的

Timescale　工作目标是明确规定最后期限

图 4-4　绩效指标的 SMART 原则

但企业在实际的经营运作中很少能够完全做到量化，如果为了量化而量化，往往得不偿失和使绩效管理失效。

一、并非任何工作都可以量化

在为不同企业提供人力资源管理咨询服务过程中，尤其是项目内容涉及绩效管理体系的构建或优化，听到最多的抱怨就是有些工作完全没有办法量化，尤其是一些原创性创新的工作岗位，如空间装饰设计、通信类企业的技术预研部门，其工作成果很难量化，或者为了量化会付出极大的代价。容易出现难以量化工作的部门一般是研发部门、设计部门等，其工作内容往往包含思想、艺术、创造、意识和人文等，以及企业在经营管理中容易出现非人为因素干扰产出结果的工作内容。

因此，在绩效管理过程中，当确定绩效指标目标值时，应秉承尽量量化但并非全部要量化的思想。

推行绩效管理体系，应该进行并非所有工作都能量化的心理建设，在必要时为了整个绩效管理体系能够顺利推进，可以在部分绩效目标上不追求量化。

二、不能量化目标的处理方式

在人力资源专业领域，任何事项都是可以量化的，偏主观性和思想性的工作内容可以采取赋值量化的形式予以量化，如果一次赋值量化达不到量化效果，可以进行二次赋值量化甚至更多次的赋值量化。

如在企业绩效管理实操中，对工作态度和工作能力这两个完全主观因素进行了赋值量化，最终形成可量化的考核指标，如表 4-4 所示。由此可见，只要一直采取赋值量化，就能够将主观的东西变成可量化的东西。

表 4-4　工作态度和工作能力的一次赋值量化

能力态度	指标	分级	描述	赋值
工作态度	责任感（10%）	A	严格履行岗位职责，发现本岗位和其他岗位的隐患能预先采取措施避免	9～10
		B	完成本岗位工作，发现本岗位和他人的工作疏漏，能提出建议并采取补救措施	7～8
		C	按本岗位要求工作，未出现重大工作疏漏	6
		D	由于不够认真、严格，导致工作有疏漏，且没有及时补救	0～5
	主动性（10%）	A	为自己订立具有挑战性的目标，并采取具体行动去实现目标，能够面对失败和压力	9～10
		B	注重实效，主动为自己订立衡量进步的客观标准（自己对自己有要求），而不是由别人来规定检验的标准	7～8
		C	表现出把工作做好且比别人做得好的意愿	6
		D	按照组织或者别人的要求去做	0～5
	纪律性（5%）	A	有较强的制度意识，遵守公司和部门各项规章制度，无违规违纪行为，无收到违规警告信。出满勤，事假、病假履行请假手续，无迟到、早退、旷工现象	5
		B	在办公区域内不大声喧哗，不与上司、同事、客户争吵，不做与工作无关的事。工作期间不随意用餐、吃零食。按时参加公司和部门组织的各种会议，并做好详细记录	4
		C	不能够遵守公司和部门各项规章制度，有违规违纪行为，或收到违规警告信	2～3

续表

能力态度	指标	分级	描述	赋值
工作态度	纪律性（5%）	D	出现迟到、早退、旷工现象，或事假、病假不履行相关手续。在办公区内大声喧哗，发生争吵，做与工作无关的事，工作期间用餐、吃零食。对公司和部门组织的各种会议无故缺席或无记录	0～1
	服从性（5%）	A	服从部门管理，听从上司安排，如有不同意见能采取正当、合理的方式提出	5
		B	能出色地完成上级安排的工作和任务，符合规定时间和要求	4
		C	不服从部门管理，不听从上级安排，对部门管理或上级有不同看法和意见，采取不正当、不合理的方式处理，或一意孤行，不听劝说	2～3
		D	不能按规定时间和要求完成上级安排的工作和任务，且无上级认可	0～1
	协作性（10%）	A	能够在实现个人目标的同时，协助团队成员获得成功。积极配合同事、部门、公司及相关部门的各项工作，积极参与公司组织的各项活动	9～10
		B	能够与团队成员协商，考虑别人的意见和感受	7～8
		C	发生意见分歧时，能够听取对方意见，共同协商处理	6
		D	不与团队成员沟通，固执己见，时有冲突。不配合同事、部门、公司或相关部门的工作，不参与公司各项活动	0～5
	服务意识（10%）	A	关注公司内部员工、外部客户需求，提供专业、高效的业务支持，客户满意度高，并能积极引导他人树立服务意识，无员工和客户投诉	9～10
		B	接到客户投诉（非本人工作造成），能第一时间受理，跟进并反馈处理结果。对本人工作造成的投诉，能做好相应的处理和补救工作	6～8
		C	不关注公司内部员工、外部客户需求，提供的业务支持专业度不够，效率不高，客户满意度低，有客户投诉	2～5
		D	对客户投诉（非本人工作造成）无动于衷，不能第一时间受理、跟进和反馈。对本人工作造成的投诉，不能正确处理、及时反省，也无补救措施和行动	0～1

续表

能力态度	指标	分级	描述	赋值
工作能力	计划能力（10%）	A	把比较复杂的个人工作目标分解成具体任务，并设立优先等级，工作过程有条理	9～10
		B	对自己的多项工作任务，可以划分工作步骤，安排时间，但是行为缺乏重点	4～8
		C	不太愿意制订计划，对突发事件能够采取行动弥补	0～3
	理解能力（10%）	A	能够准确理解和把握公司制度和主管意图，并能举一反三，有创新意识	9～10
		B	对公司制度和主管意图理解和把握不准，生搬硬套，缺乏创新意识	4～8
		C	对公司制度和主管意图产生错误的理解和把握，给内部管理和相关工作造成影响	0～3
	沟通能力（10%）	A	愿意与他人沟通并建立联系；遇到沟通障碍时，能以积极心态和不懈的努力对待冲突和矛盾，避免矛盾和冲突进一步扩大，并积极寻找解决方案，而不是回避	9～10
		B	考虑问题时不以自我为中心，能够换位思考，尽可能从对方的角度和立场去思考，并兼顾对方感受，促进相互理解。能够听取各方意见，并根据实际情况及时做出调整和回应，同时重视信息的分享	4～8
		C	不愿与他人主动沟通并建立联系，遇到沟通障碍采取回避的方式，考虑问题以自我为中心，不考虑对方感受，不能够听取各方意见，并实事求是地做出调整和回应，不重视信息的分享	0～3
	协调能力（5%）	A	能够妥善处理与上级、同事之间的关系，取得他们的支持与配合，并促进彼此相互理解	4～5
		B	在计划推行过程中，能够注意做好横向沟通，以得到有关部门及人员的大力配合	2～3
		C	不能妥善地处理与上司、同事之间的关系，在计划推行过程中不能做好各方面的有效沟通，使工作得不到他们的支持与配合	0～1

续表

能力态度	指标	分级	描述	赋值
工作能力	学习能力（10%）	A	上进心强，有不断提升自己专业技能和综合素质的意识，对新知识、新技能具有强烈的渴求，并能积极利用多种途径为自己创造学习机会	9～10
		B	善于总结成功和失败的经验，以寻找提高自己能力的途径。同时，善于分析自身的知识技能与工作要求的差距，并快速采取行动弥补	6～8
		C	重视经验的传授与分享，并积极推动相关部门业务骨干的培养和人才储备	3～5
		D	上进心不强，缺乏学习和提升意识，不善于总结和分析，不愿意经验分享和传授	0～2
	抗压能力（5%）	A	较长时间承受超常的强度和速度，或者承受一定的失败，有压力感，有目标且保持一定的乐观态度	4～5
		B	承受超常的工作强度和速度（相比行业内人员），或者承受一定的失败，感受较强的压力，但目标不清晰，或者态度不够积极	2～3
		C	保持一般强度和速度的状态	0～1

一些人力资源管理从业者从另一个角度出发对不能量化的工作进行衡量和绩效评价。第一个处理方式是"不能量化的就要细化"，第二个处理方式是"不能细化的可以流程化"，采取流程化来固定工作过程一般可以从流程节点上对工作实施相对量化的考核。

三、如何判断非量化绩效目标

无论是赋值量化，还是细化或流程化，都有一个程度，太追求赋值量化、细化或流程化，会导致企业在衡量某一项工作的绩效时付出太大成本，这个成本既包括人力资源成本，也包括时间成本。

衡量非量化绩效目标的量化程度，一般从战略相关性、重点工作相关性、改善投入产出比及量化成本四个角度衡量。战略相关性、重点工作相关性高的非量化绩效目标，量化程度要高一些，反之则低一些；在该非量化绩效目标上投入极少的努力就可以收获较大效果的，量化程度要高一些，反之则低一些；对量化成本低的非量化绩效目标，量化程度可以高一些，反之则低一些。

在绩效管理体系中面对难以量化的绩效目标可以考虑赋值量化，也可以考虑通过工作细化和流程化来进行考量，结合细化和流程化在关键节点进行评价。绩效管理不能为量化而量化，更不能被量化束缚手脚。

■ 小节案例 | 联想集团：不唯量化的绩效管理体系

联想集团于1984年由中国科学院计算技术研究所投资20万元人民币，由11名科技人员创办，是在信息产业内多元化发展的大型企业集团。联想集团主要生产台式电脑、服务器、笔记本电脑、智能电视、打印机、掌上电脑、主板、手机、一体机电脑等商品。从1996年开始，联想电脑销量一直位居中国国内市场首位；2005年，联想集团收购IBM PC（Personal Computer，个人电脑）事业部；2013年，联想电脑销量升居世界第一；2016年8月，全国工商联发布"2016中国民营企业500强"榜单，联想集团名列第四；2019年7月，在2019《财富》世界500强榜单中，联想集团位列212位；2019年10月，在"2019福布斯全球数字经济100强榜"中，联想集团位列89位；2019年11月1日，联想集团成立35周年时，其年收入超过3500亿元人民币。

从创业时仅有11人、20万元资金开始，历经30多年发展，联想集团已拥有近万名员工，成为具有一定规模的贸、工、技一体化的中国民营高科技企业，其对人才的激励与约束具有非常典型的中国特色。联想集团以考核体系作为激励体系的约束，其考核体系结构围绕"静态的职责＋动态的目标"两条主线展开，建立起目标和职责协调一致的岗位责任考核体系，并不单单唯量化而论。

联想集团实施绩效考核之前首先对职责进行分解，职责的分解又具体表现在部门职责和员工职责的分解，使各部门、个人明确自己的工作任务；其次，联想集团会实施目标分解，设定每一个部门和岗位的工作目标，定目标能够确保部门和员工有努力方向，并且可作为绩效考核的有力依据；再次，把目标与职责进行钩稽和结合，将目标落到实处，在目标与职责间建立清晰的分解和对应关系；最后，联想集团会利用制度化的手段对各层员工进行考核评价，主要采用定期检查评议、细化到人的量化考核、多视角和全方位的考评视角等。联想集团季度绩效考核流程分为八步，如图4-5所示。

1.制订季度工作计划 ⇒ 2.计划跟进与指导 ⇒ 3.员工自评 ⇒ 4.绩效评定 ⇒ 5.绩效面谈 ⇒ 6.结果汇总 ⇒ 7.绩效复谈 ⇒ 8.结果应用

图4-5 联想集团季度绩效考核流程

从联想集团的绩效考核体系来看，实际上联想集团的绩效考核体系是缺乏量化基础的，却依旧能够运行良好，主要在于联想集团在实施的过程中注重绩效的沟通和反馈、绩效考评的全面性、按季度多维度实施。虽然绩效结果来自各个部门的主观评价，但由于结合多方面的因素，并不会产生不客观的评价。联想集团的文化认为，联想集团内部的管理者对下属员工的评价如果不被员工信服的话，说明这个管理者是不称职的。这个文化一方面强化了非量化绩效考核的客观性；另一方面则是将管理的责任完全交付给管理者，有其有利的一面，也有其不足的一面，毕竟并非每一个管理者都是天生的管理者，管理者的技能也需要时间来训练和成长。

绩效考核不唯量化而量化是绩效考核在企业内部实操过程中的一个必然选择，毕竟不是所有的工作内容都可以量化，联想集团动静结合两条线的绩效考核值得其他企业借鉴。

（资料来源：作者根据多方资料整理而成）

章末案例　中国平安：绩效管理深入人心

1. 公司介绍

中国平安保险（集团）股份有限公司（以下简称中国平安）于1988年在深圳蛇口成立，是中国第一家股份制保险企业，发展到现在已经是香港联合交易所主板及上海证券交易所两地的上市企业，在2019年《财富》世界500强企业排行榜中排名第29位。

中国平安正在向成为国际领先的科技型个人金融生活服务集团而努力，结合互联网时代的特征，中国平安将"金融＋科技"定义为核心主业，持续加大对金融科技的投入力度，运用科技手段提升中国平安传统金融业务的服务效率。

2. 新战略需要新绩效管理

成立30多年来，中国平安取得了辉煌的成就。绩效管理作为中国平安的核心文化之一，在中国平安的发展过程中起到了积极作用。

中国平安要对全球超过180万名的员工进行管理，维持每年近万亿元的营业规模，因此对内部管理提出更高要求。尤其是进入互联网时代后，中国平安将"金融＋科技"确立为新的战略，意味着中国平安的战略升级，过去的组织架构、业务流程、管理机制在新战略下行业跨度扩大、业务结构更加多元化的变化存在一定程度的滞后，中国平安面临着战略调整后紧随而至的内部变革。过去构建的绩效考核系统在一定程度上已经不足以支撑跨行业、跨业务领域的管理需要，绩效考核与经营脱钩、考核流于形式、考核操作烦琐等一般企业在推行绩效管理时遇到的问题也开始在中国平安内部爆出，要支持"金融＋科技"的战略落地，中国平安必须伴随着组织架构、业务流程和管理机制变革进行对应的绩效管理的升级和变革。

3. 绩效管理变革

考虑到在新战略下，中国平安未来的业务更多、业务组合更加复杂的实际情况，基于未来的管理需要，中国平安的绩效管理变革坚持以用户为中心，进一步深化全体成员对绩效理念的理解，强化绩效体系的过程管理，充分利用互联网时代下信息技术的智能应用，确保绩效管理体系变革后可以支持中国平安未来长期可持续发展，为中国平安再创辉煌业绩保驾护航。

根据管理的实际需要，匹配中国平安"金融＋科技"新战略下其他内部变革，中国平安的绩效管理变革覆盖绩效管理体系的全部过程，包括绩效衡量的KPI指标制订，绩效指标完成过程中的追踪辅导，对绩效结果予以量化的绩效评估，对中国平安各部门、各岗位的绩效结果排名、结果应用等关键环节均进行调整和变革。整个绩效管理体系变革不仅是为了变革而变革，而是在变革过程中充分总结和提炼中国平安过去的管理实践经验，将中国平安前期关键领军人物对经营管理的经验固化到中国平安变革后的绩效管理体系中，成为中国平安组织能力的一部分。共有五个影响因素保障了中国平安绩效变革后的绩效管理体系有效，如图4-6所示。

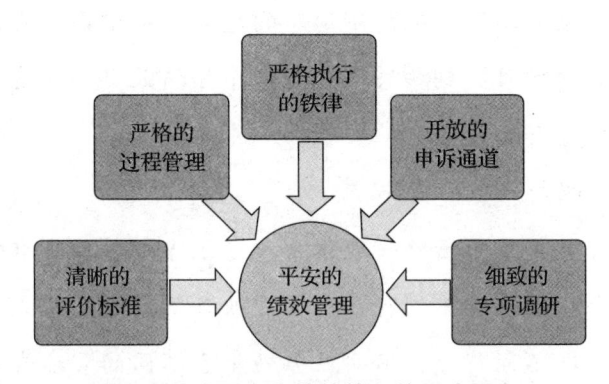

图 4-6　中国平安绩效管理的影响因素

4. 绩效管理变革的三重目的

中国平安为匹配"金融＋科技"新战略的内部绩效管理体系变革，强调在继承传统的基础上创新，努力将过去30多年中国平安取得辉煌成就的管理经验转化为中国平安的组织能力，并在绩效管理变革的过程中实现三个目的。

（1）促经营。

中国平安变革后的绩效管理体系继续紧密结合"金融＋科技"的全新战略，以及在这个新战略下中国平安的经营变化，设定绩效目标时强调目标简单清晰、直指新战略落地的重点关键工作，从集团目标设置开始，自上而下层层分解，并要求绩效目标逐层承接单位分析目标实现的关键成功要素及实际行动计划，每一个目标承接者都需要有切实的行动计划。

通过对经营目标的逐层分解和层层落实，确保绩效考核的个人目标与组织经营目标、被考核人的绩效目标与考核评价人的绩效目标真正融为一体。在这种目的和要求下，中国平安新的绩效管理可以做到对每一个绩效目标、每一项关键工作具体由哪个部门、哪些岗位承接，目标过程中的达成情况，哪些地方容易出问题等均清清楚楚。打破了绩效管理中"横向不联、纵向不通"的魔咒，在中国平安内部做到了横到边、纵到底的目标钩稽关联，确保个体绩效目标的达成能够支撑整个战略目标的达成。

（2）促管理。

中国平安变革后的绩效管理体系考虑了内部管理标准化与个性化的结合，避免中国平安不同行业、不同业务间的管理模式一刀切，强调千人千面，即不同行业、不同业务乃至于不同的管理者可以使用最适合自身、最适合分管业务、最适合所处行业的管理模式。中国平安整体的绩效管理体系为旗下所有行业、所有业务提供均适用的管理平台，将绩效管理的端到端流程固化在信息化系统中，而各级管理者在这个平台上可以自定义绩效管理的指标、目标、评价形式及考核的重点等。

信息化系统将如实记录各级管理者自定义的内容，辅助管理者进行任务分配和追踪，确保任务目标可追溯、任务进度有监督、任务结果清晰可见等功能，降低各级管理者在绩效管理的琐碎事项上所耗费的时间和精力；而且在信息化系统中，各级管理者可以实时查询管辖范围内被考核人在组织中的排名，也可以追溯查询被考核人在中国平安的个人成长轨迹，为管理提供了便利，使绩效管理真正成为各级管理者的一项管理工具。

（3）促成长。

中国平安自主实施的绩效管理体系变革，借助信息化系统的应用，可以在全新的绩效管理平台上动态描绘被考核人的成长轨迹，展示被考核人与岗位要求、与同行业其他被考核人的对比情况，以及被考核人的绩效成绩排名和潜力趋势等，既可以帮助各级管理者更全面地了解管辖范围内的被考核对象，也可以帮助被考核人更全面、更深入地了解自己，从而对自己实施更有针对性的管理。

中国平安的这一次绩效管理变革，同样强调绩效管理过程中考核评价人与被考核人间的沟通辅导，强调有效沟通，秉承对事不对人的原则直接提问题和提优缺点，开诚布公地商讨不足之处及改进方案等，促进被考核人绩效和能力的双重提升。鼓励每一位被考核人开拓视野、提升格局，增强团队合作的精神，积极与其他人、其他部门主动建立联系。

中国平安的绩效管理体系变革将实际经营与绩效管理挂钩，进一步把中国平安的绩效文化深入企业各层级，是在对中国平安过去绩效管理体系继承的基础上实施的变革，并从新工具的应用、上下工作的一贯性、帮助组织与个人成长三个层面设置了绩效管理体系变革的成果监测指标，以确保能够真正达到变革的目的。

5. 结论与启示

绩效管理体系在中国平安取得成功的路上所起到的作用值得很多企业进行研究和学习。绩效管理变革并不一定是颠覆式的创新，曾经实施过绩效管理的企业也不能固化地认为绩效管理体系应该是怎样的。绩效管理本质上是企业经营管理过程中的手段和工具之一，不存在最好之说，只存在最适合企业发展的绩效管理工具。

（资料来源：作者根据多方资料整理而成）

第五章

人才供应链

| 开章案例 | 碧桂园:"成人达企" |

1. 公司介绍

碧桂园控股有限公司（以下简称碧桂园）创建于 1992 年的广东省佛山市顺德区，是一家大型的房地产综合开发公司。2007 年，碧桂园在香港联交所主板上市；2017 年，碧桂园首次跻身《财富》世界 500 强企业榜单；2020 年，碧桂园在《财富》世界 500 强企业排名中提升至第 147 位。图 5-1 为碧桂园近五年合同销售额。

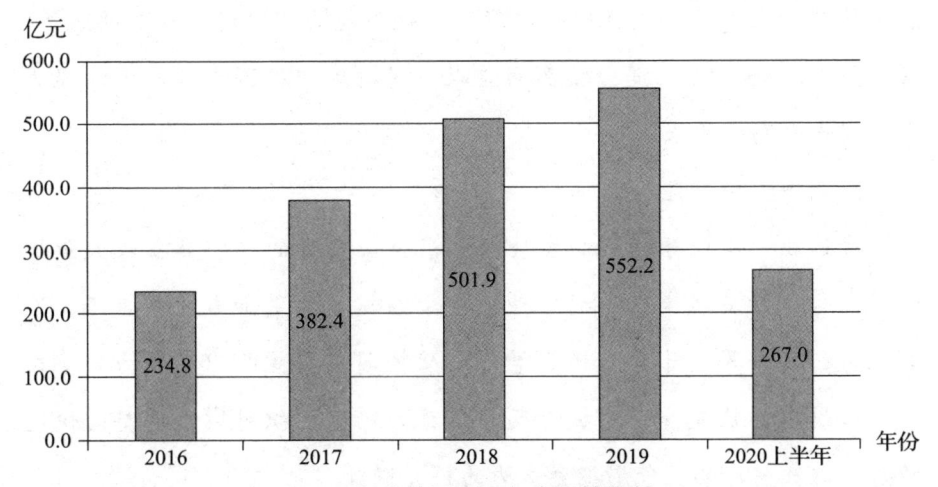

图 5-1 碧桂园近五年合同销售额

资料来源：碧桂园 2020 年中期业绩报告。

碧桂园是一家低调发展的企业，除杨国强向杨惠妍交班时曾引发媒体的广泛关注外，其他时间出现在公众视线中更多的是碧桂园在进行公益活动。除了"给您一个五星级的家"作为企业愿景之外，碧桂园也矢志成为"有良心、有社会责任感的阳光企业"，构建了内部完善的社会责任管理机制。

2. 多元化业务需要复合型人才

进入新时代的碧桂园不再局限在房地产开发领域，新的业务布局覆盖机器人、现代农业、新零售、酒店、物业、教育等多个行业，成为一家业务多元化的综合型企业集团。2010年，碧桂园的业务规模仅有300多亿元，但到了2019年，碧桂园的业务规模已经达到7000多亿元。10年获得如此巨大的成就，在碧桂园战略清晰、业务策略明确的前提下，一支志同道合、优势互补的人才团队是不可或缺的因素，只有强大的组织能力才能确保将业务策略执行到位、战略落实到位，并且保持旺盛的生命力。

碧桂园始终强调组织成长力，组织成长力是构建在组织能力基础上，持续向上发展和迭代的一种能力，这种能力不仅对碧桂园的组织、管理机制、企业文化提出较高的要求，同时对碧桂园内部人才的能力成长提出较高的要求。

3. 确保组织弹性

跨行业、跨业务领域的发展，要求企业内部的组织具备较大弹性和灵活性，涉足从未进入的行业，要求组织能力更加专业和灵活，否则，跨行经营等同于向市场缴学费。碧桂园在聚焦组织成长力的基础上，通过以变应变和全竞提升两大措施来确保组织对战略调整的快速响应，以及全产品生命周期竞争力的持续提升。

（1）以变应变。

碧桂园充分意识到新时代下唯一不变的是变化，因此需要时刻保持组织结构的灵活性以应对外部环境的变化，用更加主动和积极的姿态应对日益变化的市场，满足不断变化的客户需求。

在变化莫测的互联网时代，灵活且富有弹性的组织能够放大企业内在的动力，让碧桂园在市场竞争中具有更佳的竞争力。碧桂园的业务开始朝多元化发展后，借助组织裂变的形式，碧桂园充分平衡同行业不同区域的规模差异，以及跨行业带来的管理差异，让碧桂园的管理更加扁平化和精细化，全面提升了碧桂园的管理效能，支撑了碧桂园近10年跨越式的发展。

（2）全竞提升。

全竞提升是碧桂园2020年发展的关键词，在过去"一率五力"（"一率五力"指在合法合规、保证安全质量的前提下，做好高效率、成本力、产品力、营销力、服务力和科技力）的基础上，着重提出"四有人才"和"七最标准"的常态化培训与人才能力提升。

全竞提升指的是全面提升企业的竞争力，在"一率五力"的层面，碧桂园在每一个关键点上都深耕细作，提出更加具体和可执行的计划，并通过培训的形式向整个集团灌输，在全面提升碧桂园的竞争力的同时，也提升了碧桂园的管理能力，继而全面提升碧桂园的经营效率。

4. 人才供应链的体系化运营

碧桂园的成功得益于人才战略的提前布局。碧桂园内部有非常完善的人才供应链体系化运营系统，这个系统搭建于10年前，使人才战略始终围绕着企业战略，并在每个发展阶段推出与之匹配的人才部署策略，从而持续支撑碧桂园的发展，实现人才与碧桂园间的共赢。

碧桂园在人才供应链体系中，将人才规划和人才评估定义为人才供应链的头尾两端，紧紧围绕碧桂园的经营目标，旨在成就个人发展和组织业绩。而碧桂园的人才管理理念恰好就是"成人达企"。在人才供应链的体系化运营中，碧桂园的人力资源团队聚焦战略重点和业务发展方向，为各级管理团队提供可以将业务目标与人才管理过程和效果可视化的专业工具和技术，让碧桂园人才供给的数量和质量符合各级管理团队的需求,且恰到好处地为未来进行必要的人才储备。每一年碧桂园都会进行各层级的人才盘点,通过人才盘点九宫格,形成内部人才的源头,如图 5-2 所示,并对这些人才进行领导力开发,继而实现人才在碧桂园内部的流通。

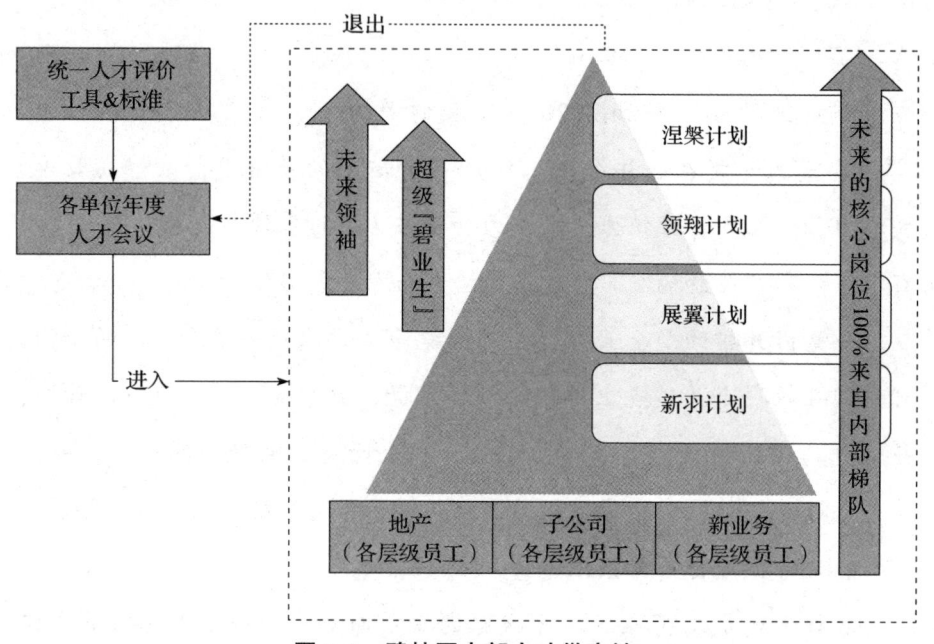

图 5-2 碧桂园内部人才供应链

碧桂园通过抓住经营导向、流程制度、关键人才和信息系统四个方面,实现了人才供应链的体系化运营。

(1)经营导向。

碧桂园的人才规划和评估在不同经营单元被定义为战略性工作事项,必须与年度战略规划调整及年度经营计划同步输出。人才规划是基于明确的年度经营业绩目标,为不同的业务经营单元厘清人才供应的数量和能力要求,而人才评估则是帮助各级管理者梳理各自组织内现有的人才梯队和能力情况。在人力资源规划和评估层面达成各级管理者与人力资源部门的共识后，后续人力资源的具体管理举措会得到各级管理者的高度参与和支持，让人力资源管理的具体举措真正做到为业务顺利开展和业务目标达成创造价值。

（2）流程制度。

碧桂园内部的人才评估始于2013年，经历7年多的发展，已经形成非常明确的人才评估流程和管控风险的制度体系。从碧桂园最初的封闭式人才评估到2018年实施的开放式人才评估，这就是流程制度带来的效果。

开放式人才评估由被评价人所在组织与人力资源部门共同完成，被评价人所在组织作为评估者和决策者，人力资源部门提供专业工具和流程方法，并确保评估过程公开透明、流程规范统一。开放式人才评估确保人才评估工作以经营为导向，让人力资源团队真正成为业务的战略协同者。

（3）关键人才。

碧桂园自主开发和研究了优秀人才的十项素质要求，涵盖文化认同、成就导向、大局观、结果导向等各种维度，并根据素质要求和特点，为碧桂园的优秀人才画像，经过系列推广后使优秀人才十项素质在碧桂园内部深入人心。

在优秀人才十项素质和优秀人才画像的基础上，碧桂园内部聚焦区域高管、片区第一负责人、区域部门负责人、项目第一负责人、未来领袖、超级"碧业生"六支人才队伍的建设，人才评估全部覆盖六支关键人才队伍，依据标准化的人才评估流程来统一管理，并构建对应的标准化的人才评估操作指引供碧桂园集团不同业务单元使用。

（4）信息系统。

如果没有信息化系统的支撑，碧桂园人才评估的流程即便再完善，也会耗去业务部门各级管理者大量的时间和精力。而构建标准化流程制度体系一般需要通过信息化系统固化才能够确保效率获得提升，同时也是工作记录可塑、工作结果可见的关键保障。

为确保人才评估工作准确、高效地开展，对人才评估中的业绩、关键经历、评估评语等重要信息进行有效管理，碧桂园内部搭建了全套线上人才评估系统。该系统于2019年上线运行，支持各区域和经营单位开展人才评估；2020年，该系统进一步优化，钩稽了业务数据与人才数据，实现人才关键业绩数据实时更新，并被应用于多个业务场景。

碧桂园的人才供应链体系化运营所取得的效率和数据，通过碧桂园近10年的经营业绩已经可见一斑。

5. 结论与启示

碧桂园从创始人杨国强开始就高度重视人才，希望公司是人才施展才华的最佳场所，这种对人才重视的文化传承至今。

碧桂园的人力资源部门通过打造人才供应链的体系化运营系统，让人才真正成为碧桂园事业发展的伙伴，这种思路和具体措施值得很多企业借鉴和学习。

（资料来源：作者根据多方资料整理而成）

华为创始人任正非曾说过："走向世界走向开放，一杯咖啡吸收宇宙的力量。"谈的是华为需要具备包容万物的组织能力，并借助这种不断吸收外部力量成长的组织力量最终在世界企业之林中立足成长，撑起一片天地。杨国安教授撰写的《组织能力的杨三角》出版后，众多企业对组织能力产生浓厚兴趣，并致力于打造自己企业的组织能力，杨国安教授对组织能力的观点如图5-3所示。

图 5-3 组织能力的三角框架

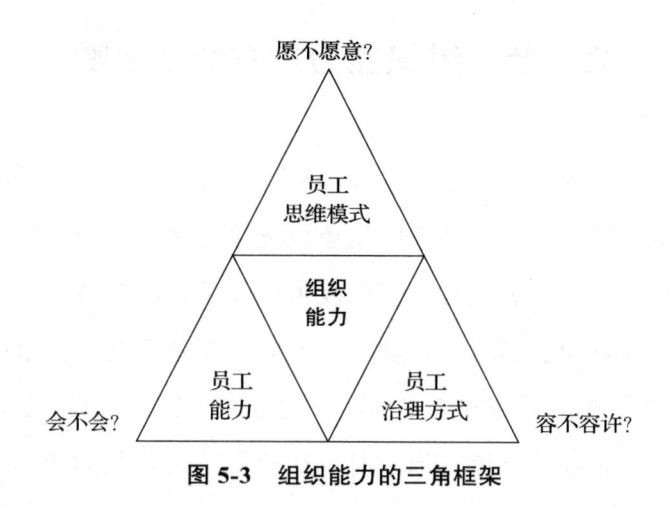

在打造组织能力的过程中，员工思维模式、员工能力和员工治理方式三根支柱缺一不可，而且要讲究三根支柱间的平衡，即三根支柱没有短板。此外，三根支柱必须与所需的组织能力协调一致。以华为为例，每年进入华为的员工半年后一定会被打上华为的烙印，不管能力多寡都会成为华为组织能力的输入点，同时也依附在华为组织上，享受华为庞大的组织能力给他自身能力带来的提升与淬炼，这是一个交互的过程。在这个过程中，无论是华为的组织能力，还是个人的能力都会同步提升。

一杯咖啡是渺小的，但宇宙的能量是巨大的，要用一杯咖啡吸收宇宙的能量，需要咖啡具备足够的吸附性及容纳能量。华为通过与进入华为组织的人才间的交互过程，在成就人才自身能力成长的同时也强化了华为组织自身的能力，这是一个双赢过程。因此，人才也无须担心自身能力转变为所在企业的组织能力后会因为能力的独特性而被组织清理出去，因为在"舍"的过程中人才个人能力已经有"得"，这也是为什么华为溢出的人才即便身上带有强烈的华为组织特征，却依旧在人才市场上炙手可热的原因。

第一节　组织能力左右变革成败

伴随着互联网时代的来临，外部环境变化频繁，企业面临的经营环境越来越复杂，主动或被动的变革也越来越频繁，企业变革或多或少要调整组织架构，意味着对组织能力的要求也越来越高。很多声名远播的企业如阿里、腾讯、百度、小米等，其企业变革与组织调整几乎成为一种常态。对一些企业而言，过去组织能力建设的成就将他们推向了一流企业的高度，但同时也让他们陷入增长的瓶颈，这个增长的瓶颈既有业务层面的，也有组织能力层面的。但华为的组织能力却独树一帜，一部分研究者认为华为是流程型的组织，因此组织的调整并不会影响业务的运转，但实际上流程型组织也是体现组织能力的一部分。

在企业管理的研究中，企业变革是一个动态和循环的过程，如图 5-4 所示，因此企业的成功是一个动态而非静态的状态。这个结论包括三个层面的内容和解读，代表着企业的三种状态。

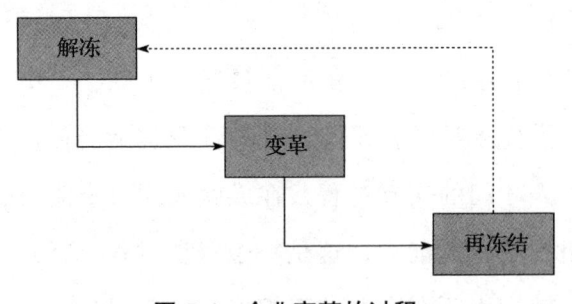

图 5-4　企业变革的过程

第一个层面是没有成功的企业，只有成长中的企业。成功是一个静态、短暂的概念，但衡量企业的成就需要一个较长的时间，且这个较长的时间段是可以无限拉升的。华为在很多年前跟同在中国区域或通信工程行业的企业一样,都已经算是人们眼中的成功企业,但任正非不止一次提及"华为的冬天""下一个倒下的就是华为"等观点,即便现在的华为一年可以实现8000多亿元的营业额,但任正非依旧认为华为随时可能倒闭。因此,企业的成功是动态的,如果不能持续成长并应对互联网时代外部的挑战,那么,它不能称之为最终的成功企业。

第二个层面是没有成功的企业,只有时代的企业。企业过去的成功并不意味着未来的成功,如果企业不能随时随地适应新的环境变化,不能与时俱进地进行企业变革,规模再大也会被淘汰出局。如胶卷时代的成功企业柯达,当数码相机时代来临后就黯然退下名企的舞台;功能手机时代的王者诺基亚,在智能手机时代来临后只能变卖业务单元。企业唯有不断适应时代、不断变化更新、不断进行变革,才能保持持续的发展。

第三个层面是没有成功的企业,只有问题不断的企业。曾经有人说过,这个世界上没有不存在问题的企业,没有问题的企业要么已经倒闭了,要么正走在倒闭的路上。外界看到的是华为光鲜的成功事迹,但华为内部从来不掩饰自身的问题。企业存在问题并不可怕,可怕的是没有解决问题的能力。而企业在走向成功的路上时,也是一个不断发现并解决问题,接着又发现新问题的螺旋式攀爬的过程。

一、大企业的功败垂成

大企业是指企业营业规模普遍在几百亿级以上、在公众眼里算是成功的"巨无霸"型企业,但这些企业有时候倒下去并不需要多久,也许就在一夜之间，尽管他们在各自的行业里曾经引领过一段时间的潮流，但倒下都非常突然。仔细分析这些企业倒下的原因，只有少部分"巨无霸"企业是因为对战略方向、外部机会产生了误判，或错失良机，或误入歧途。更多的大企业功败垂成在于组织内部无力进行自我调整和变革，僵化的组织能力无法适应已经为新事物而有所改变的世界。

大企业偏离正确的航线，与互联网时代的新机会擦肩而过并不罕见，也不代表这些"巨无霸"企业没有研究行业发展趋势。作为曾经的手机行业领袖，有些企业也看到了移动互联网时代手机的智能化趋势，并投入专业的队伍对此进行探索和研究，但最终的结果依旧是非常遗憾。

在功能手机时代，某企业的组织体系追求产品质量稳定、耐用性强，符合当时对产品的要求，本身无可厚非，但并没有借助阶段性、时代和临时的成功打造自身的组织能力，以至于虽然预测到移动互联网对手机智能化的需求趋势，也集中了资源进行探索和研究，但僵化的组织架构及原始的组织能力并没有让这种对未来的探索与研究在组织内部形成一种变革的力量，最终与智能手机时代擦肩而过。

与上例中的某企业一样，那些曾经走在时代前列、被自己的成功所累的大企业没有积累下优秀的组织能力，反倒养成了顽固的组织惯性，这种组织惯性无法适应时代的趋势和新的消费需求，大企业内部的组织体系、流程体系、人才结构依然深陷于过去的时代，又没有勇气通过企业变革以快刀斩乱麻的气势及时调整组织的航道，无法构建起与企业变革转型相匹配的组织能力，最终导致功败垂成，消失在历史的尘埃中。

二、小企业的短命夭折

大企业因为组织僵化和组织能力欠缺而无法适应新的时代要求，素来以船小好调头著称的很多小企业也没有做大做强，同样湮灭在历史的洪流中。小企业在抓住机遇方面确实有独到之处，但这些能力过度依赖于企业家个人，小企业的成长和进一步发展大部分受制于企业家有限的时间和精力，无法真正形成一个有自我生命力的组织，也不能真正构建出一支素质过硬的队伍，更遑论形成具备自我进化的组织能力。当小企业发展到一定阶段后，面临新的业务或方向，如果企业家没有时间和精力去全力关注全新的机会和方向，而他创建的小企业又不具备抓住新业务机会和把握新发展方向的能力，那么就会导致新业务无法得到发展，企业规模和业务止步不前。

任何个人的时间和精力都是有限的，尽管企业家自身很忙、很累，对事业呕心沥血，却依旧没有办法确保自己一手打造的小企业基业长青，因为企业基业长青的核心原因只有一个：那就是企业具备自我进化的组织能力。借助杨国安教授提出的组织能力的三支柱模型，如果小企业没有建立有效的团队，没有构建起强大的组织体系，那么组织能力也无处可存，平白丧失小企业从机会成长转向组织成长的机会，更谈不上在内部实现个人能力向组织能力的转型，因而绝大多数小企业最终面临的结果就是短命夭折。

三、组织能力建设决定企业存亡

大企业尽管有组织体系的保证，但过度僵化的组织架构和薄弱的组织能力适应不了环境变化，尤其是互联网时代环境变化加剧，组织惯性会让大企业在面对新机会时存在尾大不掉的问题，最终失去持续成长的活力；小企业则是因为没有形成有效的组织体系，全凭企业家的个人能力打拼，受限于企业家的精力和能力瓶颈，往往也是做不大、活不久。实际上，企业基业长青的前提条件是企业拥有可以自我进化的组织能力，这种组织能力可以促使每一位组织成员将自身能力向组织能力转移，并且在这个过程中成员逐渐拥有更强的个人能力。

组织能力并不是与生俱来的，而是需要企业塑造且持续提高的。在互联网时代，外部环境变化频繁，企业经营管理面临的不确定性因素越来越多，唯有保持高度的警觉和敏感，时刻让企业处在变革过程中以应对内外部的变化，而要确保企业变革的成功，具备强大的组织能力必不可少，甚至可以说组织能力左右企业变革的成败。

■ **小节案例** │ **万科：狂揽各行业英才**

万科企业股份有限公司（以下简称万科）成立于1984年，1988年开始涉足房地产行业，如今以中国房地产行业的龙头闻名于国内。2016年，万科跻身《财富》"世界500强"榜单，随后每年都能进入该榜单并维持排名上升趋势；2017年，深圳地铁集团成为万科第一大股东，万科的创始人王石也退出了万科的经营决策团队。万科新股东深圳地铁集团同样支持万科的混合所有制结构，支持万科的发展战略和事业合伙人机制。

自2007年7月开始，万科迈入精细化发展时期，提出千亿级企业的战略发展目标，但以王石为代表的万科高层管理团队都非常清楚，管理层只管理或见识过几十亿级、几百亿级的企业，当万科到达千亿级的时候，谁来管理这家企业，谁又能够有眼界、有能力把握这家企业的组织规模、组织架构、人才管理、竞争策略等？针对当时的具体情况，万科采取走出去寻找人才的策略，这次走出去不再局限在房地产行业，而是去寻找几十亿级、几百亿级企业的人才，不局限于具体的行业。如此宏伟的战略必将挑战执行战略欠缺的组织能力，包括市场细分和品牌管理、工业制造与精益生产能力、并购与资本运作能力等，组织能力的缺乏进一步放大组织内核心人才缺乏的问题。

为解决企业人才供应链短缺的问题，万科启动新一轮的人事行动——"经营人才计划"，即万科"007计划"。通过"经营人才计划"，万科开始引进制造业、零售业等行业的全球性企业的精英人才，再通过快速地批量补给促进业务的长期持续发展。自实施"经营人才计划"后，万科从不同行业引进32名跨行业管理人才进入公司，包括陈东锋、袁伯银、于玉光、许国鸿等，这些人才来自清洁用品、家居零售、消费品和投资等领域，绝大部分没有从事过房地产行业的经历，这些人才的到来很好地弥补了万科在组织能力方面的不足。正如王石所说："利润是这个世界上最靠不住的要素，创造利润的团队能力才是真正靠得住的要素。"万科灵活的人才策略不仅促进万科由专业化向精细化转型，而且带给万科的利润也是巨大的。

企业在面临变革的过程中，一般解决人才供应的问题时首先考虑的是在行业内部寻找合适的候选人，但万科彼时已经是中国地产行业的领军企业，面对千亿级企业的战略目标，想要从行业内部寻找到能够满足组织能力要求的人才可谓异常艰难。但万科别开蹊径，从不同行业、领域引进一流的经营人才，有效地弥补了万科组织能力的短板，从这个层面来说,"经营人才计划"关乎万科由专业化走向精细化的变革成败。

(资料来源:作者根据多方资料整理而成)

第二节　组织能力具象化

组织能力的重要性意味着互联网时代企业需要在组织能力的建设层面投入更多的资源和精力,而在打造组织能力前必须要对组织能力有具象化的理解。组织能力的具象化包含软性和硬性两个层面。软性层面指精神文化层面的熏陶,通过一套企业经营的哲学,让所有在组织中的人按照统一的要求进行活动。硬性层面即制度流程建设,如一些上市企业通过行为标准明确管理者的任职资格标准,以计划/任务管理、组织/团队管理、流程建设/组织贡献、企业文化/人才培养等维度的具体行为对管理者提出基本要求,在行为标准的基础上,能力、知识、态度是加分项,而职业素养和职业道德则是减分项。

组织能力的形成不是一蹴而就的,组织的大小不会影响对组织能力的要求,因此在具象化和打造组织能力层面,无论大小企业都应该秉承着能进一步就前进一步的思想,即便没有任职资格标准或者精神文化层面的熏陶,企业创业者和核心管理者可以多一些正式和非正式的沟通,明确告诉所有的成员组织需要什么,而不是暗示,否则,既增加沟通成本,又影响效果。

为进一步具象化组织能力,在组织能力形成的早期过程中,会将企业的组织能力描述为资源、机制与结构，以及企业家精神与价值观三种要素，如图 5-5 所示。通过对这三个要素的分析和判断，明确企业组织能力建设的下一步具体工作计划和策略。

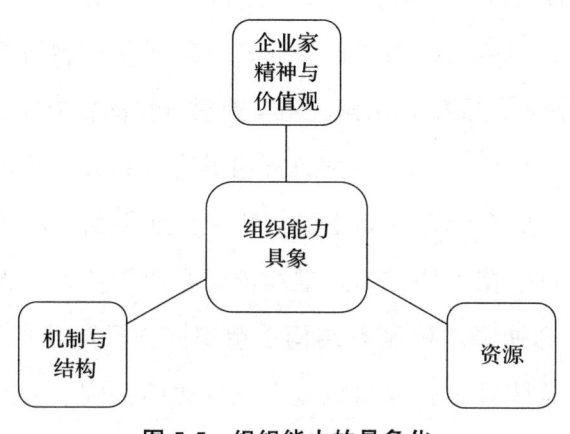

图 5-5　组织能力的具象化

一、资源

企业资源分为有形资源和无形资源，有形资源包括物资和资金，无形资源包括品牌、商誉、知识与技术、经验与能力等，人力资源过去一直包括在企业的无形资源中，但近年来的趋势则是将人力资源独立于企业的有形资源和无形资源，成为独立的第三资源。

无论是企业的有形资源还是无形资源，抑或是人力资源，独立的资源很难为企业创造价值或建立起竞争优势，各种资源需要有机地组合在一起形成可以组织的能力，这个能力被称为企业能力，也是企业对各种不同资源的综合利用和为完成特定任务对所需资源进行组合的方式和过程。

资源和企业能力是组织能力具象化的重要因素之一，缺乏资源和企业能力，组织能力将无法具现，更谈不上组织能力的形成和提高。

二、机制与结构

组织的成功打造除拥有必要的资源，还需要有资源的整合与调配的企业能力。整合与调配资源主要依赖企业的运营和组织架构，保证企业资源的有效整合与调整必须构建企业良好的运营机制与高效的组织架构。企业的运营机制和组织架构决定企业对资源的释放能力，从这个层面上可以简单理解为企业的运营机制和组织架构决定企业的组织能力。

很多发展中的企业在早期主要依赖于企业创始人的个人能力，但这些企业想要进一步发展，如果继续依赖企业创始人个人，那么必然会遭遇到风险和瓶颈。机制与结构是组织能力具象化的第二个要素，进行机制与结构建设是企业组织能力具象化的基础，唯有具象化组织能力，创新运行机制、规范化管理、持续提升和发展组织能力，才可以做到按图索骥。

三、企业家精神与价值观

企业的资源、机制与结构是组织能力具象化的要素，是比较容易理解的，但企业家精神与价值观是组织能力具象化的要素则不容易被理解。与企业文化的性质一样，企业组织能力的打造与凝聚，很重要的赋能源头是企业家的精神与价值观。如同企业家的行为与意志是企业文化的深层次灵魂一样，组织能力最深层次的根源在于企业家的价值观。

组织能力因企业不同而各有所异，就如同人的性格一样，有谦虚、柔和的性格，也有活泼开朗的性格，但组织能力的类型并非由先天决定，而是与企业创始人的行为风格和个性特质息息相关。企业家精神与价值观是企业组织能力具象化的重要因素，决定企业组织能力的风格与特征。

一个企业能做多大、能走多远依赖于其组织能力是否具备活性，而组织能力是否具备活性则依赖于组织能力的具象化，组织能力具象化要素包括企业家精神与价值观、企业掌握和可以调用的资源总量、企业运用和组合这些资源的机制与结构。如果整个企业的文化和价值观出现问题，企业即便能够抓住时代的机会或利用关系资源勉强做大，也会深埋毁灭的种子。

■ 小节案例　│　TCL："精鹰培养"

TCL科技集团股份有限公司（以下简称TCL）于1982年在广东省惠州市成立，最初只是一家生产磁带的合资企业，伴随着企业发展，TCL的业务逐渐拓展到电话、电视、手机、冰箱、洗衣机、空调、智能健康电器、液晶面板等。到现在，TCL的业务覆盖金融服务、互联网应用服务、销售及物流服务、投资与创投领域等。目前，TCL在全球共有8万多名员工，拥有近30个研发中心，10多家联合实验室，20多个制造加工基地，在绝大部分国家和地区设有销售机构，业务遍及全球上百个国家和地区。

在2004年两次大的国际化并购完成后，TCL全年亏损高达2.24亿元，手机销量大幅下滑。在遇到这样的失败后，TCL重新反思自身与世界一流公司的根本差距所在。最终得出的结论是TCL与世界一流公司存在人力资源的差距，尤其是管理团队的差距。具体包括：在领导力上缺乏预测能力，导致TCL在国际化进程中的巨大阻碍；如何在危机时进行国际化人才梯队的建设，并留住TCL未来发展所需要的人才，TCL存在明显的短板；如何让留下来的人才发挥其最大作用，成为TCL管理人才培养的最大挑战。

TCL从国际化并购失败中进行反思，认清人才差距是自身与世界一流公司的根本差距。因此，TCL针对高中基层管理人员的具体情况，制订"鹰"系列人才梯队建设工程，系统地提升各层级人才的能力，满足业务发展的新要求，对不同级别的"鹰"设计了专门的全方位、立体化的培养计划，分阶段进行，从中层切入、带动两头。

TCL"鹰系"人才培养体系如下：雏鹰——新入职大学生；飞鹰——潜质人员，新任经理；精鹰——中层骨干；雄鹰——决策层。

整体培养方案的优势在于TCL不只是在建设管理人才梯队，更是领先于时代，且所有的举措都符合人才供应链的建设，对管理人才梯队的建设覆盖"选、育、管、留"四个方面，不偏颇其一。在具体的培养过程中，TCL识别不同层级的需求并有针对性地设计培养的重点。对于高层管理者，着重培养领导能力，包括经营能力、战略思维能力、管理能力和带队伍能力；对于中层管理者，着重培养企业经营能力、管理决策能力和领导力；对于基层管理人员，主要培养管理能力、沟通技巧和团队合作能力；对于新入职人员，着重进行企业文化和工作技能培养，包括职业化培训等。

根据统计数据，在TCL通过"精鹰培养"的中层管理人员中，有36%的人得到了提升，并且在公司内部形成良好的导师培养机制。通过这一系列的培育方式，TCL成功解决了国际化扩张中的人才问题，顺利实现"企业的重生"，2010年实现营业收入518.7亿元。

TCL实施"精鹰培养"计划的时候，企业人才供应链管理机制的概念并未被提出，但结合TCL的实践来看，TCL的"精鹰培养"计划无疑是阶段性人才供应链的一个典型案例。实际上，TCL的"精鹰培养"计划也说明了企业人才供应链管理是企业面临挑战并解决问题的有效手段之一。

(资料来源：作者根据多方资料整理而成)

第三节　人才供应是关键

在企业中人才供应始终都是一个严肃的话题，一方面，无论是主板上市企业，还是刚创业不久的"互联网+"企业，总是在找人且找不到合适人的路上；另一方面，真正优秀的人才也始终处在寻找适合自己的平台且寻不着的状态，甚至只能走上创业的艰难道路。共享员工模式能够在一定程度上缓解这一困境，但并不能彻底改变这一困境。

出现这种企业家寻才不得与优秀人才怀才不遇并存的现象，原因错综复杂，但人与企业的匹配一定要基于企业战略的角度。也有部分企业发展迅速、扩张迅猛，特别是在互联网时代，有些企业永远不知道干掉自己的会是来自哪个行业的对手，而一些走在前面的企业也必将面临进入"无人区"的问题，一切都需要重新摸索。这意味着这些企业在已有的人力资源市场上大概率找不到新业务的合适人才，只能依赖于内部的人才供应，摸着石头过河。

正是因为实际经营中人才供应问题的普遍性，人才供应链模式的概念才被提出，并且迅速被各种类型的企业所重视。很多处在变革阶段的企业坚信人才供应链是关乎企业变革成败的关键。在很多企业的变革过程中，人才供应链如果完备，即便变革在走弯路，但历经艰难后总能获得最终的成功，只是多花费一些时间而已。在现在的人才供应链模式下，完整的人才供应链如同生产制造企业的供应链一样，也包括规划、采购、制造、供应和品控五个关键阶段。

一、人才"规划"阶段

人才供应链建设最初需要根据企业战略发展目标、组织能力水平、组织能力发展的目标等因素进行产能规划和生产计划的制订。当然，人才供应链生产的产品是符合企业组织能力要求的人才。

在互联网时代，企业的生产模式已经发生了很大改变，过去是厂家生产什么，消费者就只能买什么；在互联网时代，企业的经营模式已经转变为"C2B"，即以消费者、客户为中心，客户需要什么，企业则生产什么产品。过去，人力资源部门分配给用人部门（客户）什么样的人，不管是否匹配用人部门的需求，用人部门都得接受，否则就会影响用人部门的工作进度；在互联网时代，人力资源管理将转变为根据用人部门（客户）的需求，提供"能力符合要求""性格契合组织"的人才。

在人才"规划"阶段，一项重要的工作就是做组织内部的人才盘点，人才盘点也被称为组织能力盘点。在人才盘点过程中，人力资源需要解决组织架构、人才状况及继任者状况三个层面的一系列问题。详尽的人才盘点后，人力资源部门对企业内部的人力资源状况，包括人才的数量和能力均会有比较直观的把握，在这个基础上分析企业的战略对组织能力的要求，将为企业人才招聘、人才培养计划提供输入条件。

二、人才"采购"阶段

如传统供应链需要采购原材料一样，人才供应链原材料采购环节对应的就是人才"采购"（人才招聘）。在这个环节中，企业需要尽可能按照战略规划"采购"人才，但也不能指望人力资源市场能够提供完全匹配的人才，更多是需要企业招聘回来后需进行二次培训。

不同的招聘渠道提供的人才质量并不完全一致，不同层次和岗位的人才招聘渠道也应该不一样。企业招聘人才一般有两种主要策略，一是招聘现成人才，如同传统供应链的成品采购；二是招聘应届毕业生作为储备人才进行培养，相当于传统供应链的原材料采购。使用测评工具可以帮助人力资源管理从业者和用人部门确认人才的价值观、能力是否与组织能力的规划要求匹配，但不管哪种测评工具都有其局限性，因此，从理论上讲，使用多种测评工具的效果要好于只使用一种测评工具。

三、人才"制造"阶段

在人才供应链模式下，企业实施人才"制造"的目的是实现人才和组织能力要素的"可批量生产"，这意味着在人才供应链下企业的人才规则和培养流程都需要具备一定的标准，意味着实施人才供应链管理的企业必须将人才培养标准化和流程化。

为实现批量培养人才，企业要在企业的战略规划、经营策略、企业文化与价值观理念等前提条件下，对组织架构、部门设置、岗位匹配、职责划分等进行明确，对人才规格、能力要求、培训内容等进行标准化管理。即建立标准组织单元，设定标准化的职位名称，对每一个职位设立标准化的职位说明书，确立标准化的人事编制规则，每个岗位构建任职资格标准及能力要求规范，对每一个进入组织的人才制订标准化的培训机制。另外，为了使批量培养的人才有效，还需要对组织内部的人才实施轮岗管理，通过人才在不同岗位上的经验积累，帮助人才多方面了解企业的业务或生产流程，从而达到横向拓展的目的。在人才供应链的人才"制造"环节中，衡量"制造"效果的关键还在于经历"制造"过程的人才能否胜任岗位。企业培养人才的重要目标是提升员工的技能，进而提高公司的效率和效益。

四、人才"供应"阶段

人才供应链"制造"出人才后，则进入人才供应和调配阶段。通过内部招聘、人才调配、员工转岗和内部晋升等手段可以满足各业务部门不同层次的人才需求，并通过这些手段激活企业内部的人才流动性，为组织能力输入新鲜的血液。当然，在实施人力资源内部流动的措施前，企业的人才供应链模式已经为组织内部储备了足够的力量，不至于因为人才内部的流动导致部分岗位出现人才空缺的现象。

在人才供应链模式下，企业实现批量"制造"人才后，接下来对"制造"好的人才实施内部调配和供应将成为非常重要的环节，能够处理好人才内部流动的问题，基本上就可以满足企业快速发展阶段对人才的需求。在互联网时代，企业时刻处在多变的环境之中，人才的足量供应能够让企业在应对环境变化而采取内部变革的举措时有更强大的支撑力量。

五、人才"品控"阶段

传统制造企业在产品制造过程中需要通过各种检验手段来有效控制产品质量，防止出现不良品。人才供应链模式下"批量制造"人才的品质保证同样至关重要，没有品质保证则"制造"出来的人才极有可能不能满足企业的要求，更有甚者可能会给企业带来损失。在人才供应链模式下走得比较靠前的企业，一般采用标杆管理、绩效管理和奖惩管理来确保人才适任，并淘汰不适任者，通过这些手段确保企业人才供应链下的人才品质保障问题。

除这些手段外，一些大型企业也会采取制订任职资格标准，定期对"批量制造"的人才实施任职资格认证评估，得出各岗位人才的胜任程度，根据胜任程度结果调整内部调配计划和晋升计划，甚至会根据任职资格认证评估结果调整人才培养方式和内容。

各种人才供应链品质保障手段能够帮助企业阶段性、定期性地掌握人才的能力状况、学习状况和绩效状况，及时发现实际工作中存在的问题并加以解决。同时，也可以实时监控人才供应链的产能与战略对组织能力要求之间的差距，采取有效的手段予以弥补。

所谓人才供应链模式，实际上是将传统企业的人力资源管理职能，借用生产制造的逻辑重新赋能，核心关注于组织能力是否能满足战略目标的要求，进而对组织能力的载体——"企业人力资源"进行开发和供应调配的机制。这一模式的产生是互联网时代企业经营模式发生变化后的一种结果，也是人力资源管理领域与时俱进的一种必然变化。

■ 小节案例 | 龙湖地产："仕官生"计划

  龙湖地产有限公司（以下简称龙湖地产）创建于1993年，最早只是一家位于重庆的区域性地产公司，在重庆市场站稳脚跟后，龙湖地产开始向全国拓展市场版图，现在已经是一家全国性知名的地产企业。龙湖地产于2009年11月19日在香港联交所主板挂牌上市；2018年，龙湖地产营业额逾1100亿元，获评境内外全投资级。截至2019年，龙湖地产拥有雇员27000余人，业务遍布全国7大城市群、40余座城市，成功跻身"福布斯全球企业500强"榜单。2019年10月23日，2019《财富》未来50强榜单公布，龙湖地产排名第45。

  作为地产行业的后起之秀，龙湖地产迅速从一个地方性的房地产公司发展成为全国性的房地产龙头企业，过程并非一帆风顺，人才的困境和中高端人才的不足曾在一定时期内对龙湖地产的发展带来障碍。从2002年开始，龙湖地产进军全国市场，但扩张的步伐一度放慢甚至停滞，原因在于中高层管理人才和专业技术人才的匮乏，龙湖地产的人才供应链出现供应不畅的状况。

  针对人才匮乏问题，龙湖地产于2004年开始启动"仕官生"计划，持续培养具备中高层管理或专业技术潜质的人才，整个"仕官生"计划对龙湖地产的跨越式发展起了巨大的推动作用，特别是在龙湖地产由地方性地产公司走向全国性地产公司的道路上，"仕官生"计划的贡献可以说是功不可没。"仕官生"计划并非一个短期的人才特训计划，而是一个持续不断的培养计划，除了为龙湖地产培养具有中高层管理或专业技术潜力的人才外，也在为龙湖地产寻找和培养未来优秀的中高层管理人才。龙湖地产对"仕官生"的选拔和培养尤其严格，仅定向录用全国最优秀的几所大学里最优秀的大学毕业生，为这些优秀学校的优秀毕业生设计长达14个月的发展计划。这些优秀的大学毕业生进入公司后，龙湖地产会将他们纳入"仕官生"计划，并提供熟悉每个产品链中每个岗位和环节的实习机会。

龙湖地产的"仕官生"计划不仅是一个人才培养计划，更是一个全面的人才管理机制，从"仕官生"的选到育，再到最后的用和留，是一个完整的职业生命周期的人才管理计划，是龙湖地产走向全国的重要推手，在龙湖地产的发展过程中起到了重要作用。龙湖地产的"仕官生"计划也可以作为其他企业学习的标杆案例之一，通过人才培养和有效供应，满足企业不同发展阶段的需要。

（资料来源：作者根据多方资料整理而成）

第四节 人才供应链的打造

调查公司数据显示："在空降的高管人员中，有30%～50%的人不是被解雇就是自动辞职。"姑且不论企业空降高管的存活率是否真实可依，但直接以高管身份进入企业，想要立足并为企业创造价值，领导的信任度、同僚的认可度、下属的支持度缺一不可。

在人才供应链模式下企业的人才供应，核心还是以内部供应链为主、外部供应链为辅，且人才供应链的打造与企业战略和组织能力息息相关，如图5-6所示。

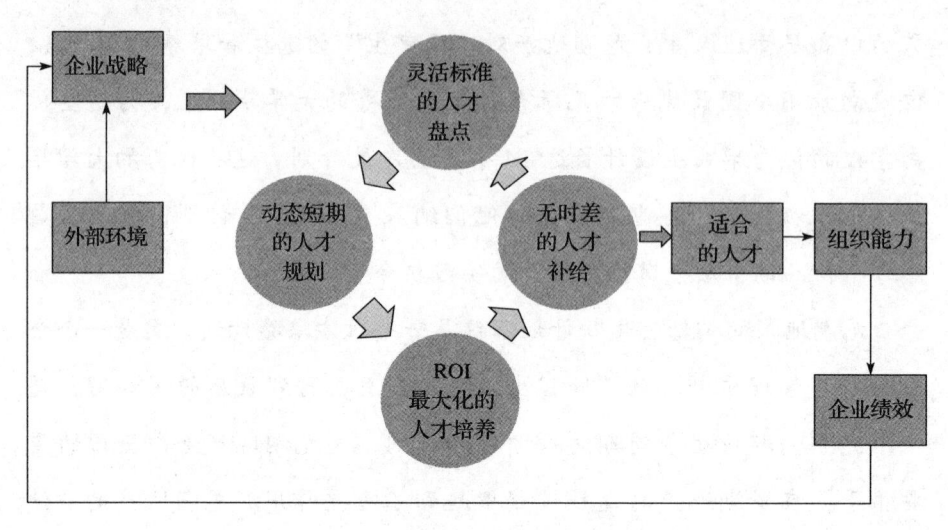

图 5-6　企业人才供应链运作流程

一、人才供应链的必要性

企业的价值创造过程需要整合各种资源，也包括不可缺少的人力资源。把员工看作资源并非把人降低到物的地位，而是强调员工是作为资源而非成本存在。在很多类型的组织中，人力资源常常是限制性因素，并且在这一问题变得非常严重前组织不会予以前瞻性考虑。

人才供应链能为企业的长远发展保质保量地提供源源不断的人才供给，但互联网时代下，外部环境具备高度不确定性，因而企业的长远发展也具备极不稳定的因素。在这种时代背景下，企业打造的人才供应链也存在着较大的不确定性因素。这就形成一个矛盾——为了企业的基业长青和长远发展，企业需要构建稳定的人才供应机制，但外部环境导致处处充满不确定性因素。

人才供应链管理不是简单地任用内部人才，它应当包括以下几点：

一是对人才需求的分析，包括人才的数量、结构、能力要求等；二是对人才现状的盘点（包括数量、结构、能力现状），识别并建立人才池或后备人选；三是对差距的弥补，即在一个培养体系下对组织人才进行系统的发展；四是在业务需要时供给人才，包括内部调配和外部引入。调查研究发现，业务部门最关心的是第四个问题，但企业往往在前三个环节上都较为薄弱或存在不少疑虑。尤其是在企业没有很好解决前面三个问题的前提下，业务部门对第四个问题的诉求更加强烈。如果前面三个问题没有解决到位，则必须同步构建外部人才供应链才能解决企业的实际问题。

二、建立动态的人才标准

企业的战略只有一个，但各部门对企业需要什么样的人才有很多看法：销售部门认为人才应当善于处理人际关系、沟通影响力强，而生产部门却认为诸如仔细、认真、负责之类的品质更为重要，这种细分是重要且十分正确的。企业不同业务条线应当有各自最契合的人才标准，这些标准在业务条线的人才供应链建设中非常关键。但对于同一个条线，不同的管理者常常也有不同的看法，因此，找到最能体现岗位要求的核心素质非常必要。

体系化的人才标准随着组织战略业务的调整也应当同步调整，战略变化对人力资源要求的变化可以通过调整企业的人才标准来快速体现。人才的标准是动态的，人才规划也应当是动态而频繁的，至少是中短期（一年）的规划要经常做。另外，每一次企业的战略发生调整，都应该根据战略的变化及人才标准的调整重新分析人才需求。

三、人才的选拔

在企业经营管理实践中，通常会因为一种做法的某个弊端而导致对该种做法的全盘否定。过去人才的使用和晋升是管理者说了算，但裙带关系和识人不准等现象屡屡发生，再加上企业规模不断扩大，让企业偏向于采取更多测评工具来衡量人才，大批的测评公司应运而生。企业需要考虑的问题是：上级长年累月的观察所得到的评价为什么不能被充分使用？由于没有机制限制和能力指引而导致的错误是否足以将上级从识人、用人的义务范围中排除？实际上，人才的识别与发展本应是各级管理者的分内之事，只不过要做好这件事，他们需要一定的技能培训、相应的工具支持和限制其个人不足的外在机制。

在建立人才标准的基础上，对所有管理者宣贯这些标准是重要的：一方面，让管理者本身充分认识到企业对自己的能力与价值观要求；另一方面，通过对标准的宣贯，也增强管理者识人、用人的意识和能力。建立人才评价体系并不一定要有复杂的评价中心及各种各样的测评工具，所有工具都应当是定位于帮助管理者而不是替代管理者。另外，根据实际情况，基于人才标准（素质模型）构建评价中心或开发其他测评工具，能促进对人才更加全面的了解，以满足一些特定的要求，如为外部人才的招聘提供更为客观的数据支撑等。

四、人才供应链管理强调差异

人才供应链是为满足组织发展的需求，这是一切人才供应链管理工作的前提。在职业发展中，每个岗位任职都可以分为初任期、在岗期和提升期，培养人才工作在前两个阶段分别是帮助人才做好准备并进一步胜任岗位，而在第三个阶段则是帮助人才为未来的发展作准备，这是人才供应链中最重要的环节，即后备人才的培养。人力资源管理强调公平，但人才供应链管理强调差异，企业不是慈善机构，首要任务是追求高效率。后备人才的培养也应当同胜任岗位的培养区分开，更多的资源要放在那些关乎组织未来成长的关键人才身上。

并不是每个人都能走上更高级别的管理岗位，且组织金字塔结构也决定后备人才的培养合适就好，而不必求多。组织人才供应链应当同时考虑内部培养和外部购买，并在两者之间维持适当的平衡。后备人才的发展 70% 靠工作学习，20% 靠人际学习，占比最少的 10% 靠正式学习。企业即大学，在工作任务中学习能取得更好的效果。

在互联网时代，外部环境的快速变化必然会导致企业的战略会随之进行调整，进而对企业的组织能力提出全新的要求，组织能力的根基——"员工"将成为企业处在互联网变化频繁时代能否因时顺势地调整发展策略的关键，即企业变革能够取得成功的关键。人才供应链模式的兴起，是为了解决企业变革中人才供应的问题，不同于传统人力资源管理的任何一个模块，人才供应链模式综合了传统人力资源管理的职能，瞄准企业变革过程中业务发展的需要提供品质保障的人才供应，是一种全新的人力资源管理模式。

■ 小节案例 ｜ 字节跳动：新人培训体系

字节跳动有限公司（以下简称字节跳动）成立于 2012 年 3 月，主要提供互联网时代的影音技术开发与服务，基础应用软件的开发与维护，广告相关的设计与发布服务，文化演艺的经纪业务，组织文化艺术交流活动及影视策划等。经历多年的发展，字节跳动在已有5万人团队的基础上，这两年仍然在大规模招人。

针对2021年的校招，字节跳动为应届毕业生开放超过6000个工作岗位，全年校招人数共计超过12000人。这意味着到2021年年底，字节跳动成为中国员工人数最多的互联网公司之一。

如此大规模的校招计划，如果内部没有良好的人才供应链机制配套，无异于在刀尖上跳舞。实际上，字节跳动内部训战结合、以赛代练等多种人才培养模式同步进行，确实是企业内部人才供应链打造的典范。字节跳动的新人培训体系如图5-7所示。

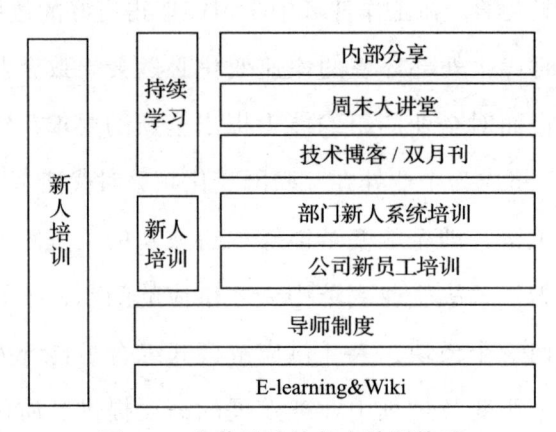

```
              ┌─────────┬──────────────────┐
              │         │    内部分享       │
              │ 持续学习 ├──────────────────┤
              │         │   周末大讲堂     │
              │         ├──────────────────┤
              │         │ 技术博客/双月刊   │
    新人培训  ├─────────┼──────────────────┤
              │         │ 部门新人系统培训  │
              │ 新人培训├──────────────────┤
              │         │  公司新员工培训   │
              ├─────────┴──────────────────┤
              │         导师制度           │
              ├────────────────────────────┤
              │      E-learning&Wiki       │
              └────────────────────────────┘
```

图 5-7　字节跳动的新人培训体系

字节跳动的新人培训体系主要有以下四点。

（1）内部分享，在字节跳动内部又叫 Byte Talk。

每周有一次员工自己主讲的90分钟分享课，演讲者来自各个部门，涉及主题有人力资源、产品开发、财经、商业动态、管理研究、国际化等，演讲者分享自己参与的事情、小创新、行业前沿进展等，同时还会在内部直播，让更多的人参与互动，员工回家也能获得有用的信息。

（2）周末大讲堂，在字节跳动内部叫 Dance 舞计划。

与同期校招生一起聆听师兄师姐的分享，了解如何快速融入公司，提升沟通与协作能力。在周末，还会邀请业界的精英来公司做分享，如邀请图灵奖获得者、高校和科研机构的科学家、工程师、设计师等来公司交流。

（3）导师制度，在字节跳动内部又叫 Mentor 制。

即让经验丰富的同事担任校招生的 Mentor，由 Mentor 帮助校招生完成转换角色、融入新环境、规划个性化的成长路径等。

（4）E-learning，在字节跳动内部又叫 Study 平台。

这个平台类似于网络公开课程，公司内部有许多优秀的讲师会举办线下+线上课程，校招生可以选择现场听讲或者在内部学习平台上进行在线接入，没有时间听的同学也可以从 Study 平台上找到对应的录播课程。

诸如此类的学习方式在字节跳动不胜枚举，意味着即便字节跳动招募再多的校招生，在经历这一系列的内部人才供应链"加工生产"后，这些校招生也能够很快成为符合字节跳动输出要求的人才。字节跳动充分意识到优秀的人才需要大量的时间培养，而且是一种高成本、低概率"产出"的投资行为。因此，字节跳动在人才的培养层面是不遗余力的。

（资料来源：作者根据多方资料整理而成）

章末案例　小米集团：打赢人才战

1. 公司介绍

小米科技有限责任公司（以下简称小米）成立于2010年3月3日，

是专注于智能硬件和电子产品研发的全球化移动互联网企业，也是一家专注于高端智能手机、互联网电视及智能家居生态链建设的创新型科技企业。成立之初，小米的创始人雷军以"永远相信美好的事情即将发生"为口号，创造性地提出用互联网模式开发手机操作系统、发烧友参与开发改进的模式，使小米手机一经推出便红遍中国大地，快速成为中国智能手机的一大品牌。2018年7月9日，小米在香港交易所主板挂牌上市，成为港交所上市制度改革后首家采用不同投票权架构的上市企业。2019年6月，小米入选2019福布斯中国最具创新力企业榜；2019年10月，2019福布斯全球数字经济100强榜单发布，小米位列第56位；2019年12月18日，《人民日报》"中国品牌发展指数"100强榜单发布，小米排名第30位；2019年全年，小米手机出货量为1.25亿台，在全球排名第四，小米电视在中国售出1021万台，排名第一；2020年，小米入围全球百强创新名单，AI等专利位于全球前列；2020年《财富》世界500强企业排行榜中，小米位列422位。

截至2018年12月，小米已经建成全球最大消费类IoT物联网平台，连接超过1亿多台智能设备，MIUI的月活跃用户达到2.42亿。小米系投资的公司接近400家，覆盖智能硬件、生活消费用品、教育、游戏、社交网络、文化娱乐、医疗健康、汽车交通、金融等领域。截至2018年，小米公司的业务遍及全球80多个国家和地区。

小米企业文化的内核也与众不同，如它的使命是做"感动人心、价格厚道"的好产品。在这个使命的感召下，小米为未来描绘的愿景是"和用户交朋友，做用户心中最酷的公司"。从成立开始，小米始终走在努力创新的路上，追求极致的产品和效率。小米希望所有的发烧友与小米一起来创造小米的神话，一起追求小米创立时所描绘的"永远相信美好的事情即将发生"。

2. 主动发起"人才争夺战"

2018年9月，小米的创始人雷军宣布小米集团最新的组织架构调整和人事任命，是小米成立以来最大的组织架构变革。针对外部环境的变化，小米集团内部掀起了波澜壮阔的企业变革之路。雷军表示小米成立8年以来，营收规模、组织规模都已经达到一个全新的高度，并且作为一家公众公司，要保障小米可持续的发展，必须将组织管理、战略规划放到小米经营的头等大事的位置上，构建具有前瞻性的战略发展目标，并匹配坚实有力的组织。小米这次发起的内部变革，在组织架构方面新设了集团组织部和集团参谋部，进一步增强总部的管理职能。另外，在人事任命方面也有了重大的变化，强化了后备人才梯队建设，提拔了很多年轻人到重要的岗位。

雷军认为，没有老兵，没有传承；没有新军，没有未来。一场声势浩大的人才争夺战由小米集团主动挑起，小米的进一步成长需要大量年轻的管理干部，这些年轻干部需要小米进行培养，以及从小米现有的员工队伍中提拔起大批年轻人承担小米中基层管理干部的职责，构建更具激情、更加上进的各级前线指挥团队。小米让每一个有能力、有抱负、有冲劲、敢担当的年轻人都能在小米的商业竞争中学习和战斗，并在战斗中快速成长。

上市后，雷军作为小米的创始人，主动在小米内部发动变革以应对外部环境的变化，而小米内部变革成败的关键在于大量年轻、优秀的人才。实际上，小米从成立之初就一直比较重视人才的培养及人才梯队的建设。

从小米上市后组织架构变革及雷军的公开信等资料中，也能很清晰地感觉到即便小米在短时间内获得了如此巨大的成就，但人才培养及打造人才梯队依旧是小米极其重视的事情，雷军等小米高层坚信人才供应链的建设在支撑小米战略落地和组织发展中发挥着巨大的作用。

3. 不拘一格揽才

在小米创立之前，雷军就已经在手机行业外观察了很久，但真正创业后，雷军等人依旧认为进军手机行业痛苦与艰辛并存。在创业早期，雷军将全部的精力都用在了找人上面，通过找到合适的人将现有产品和业务做好，展示小米未来的发展空间和机会，从而吸引更多优秀人才加盟。有人说这是一个"先有鸡和先有蛋"的问题，但本质上这只是简单的螺旋式上升。

小米揽才的手段层出不穷、不拘一格，具体包括但不限于以下三种手段。

（1）疯魔式沟通。

雷军选择人才时就如同疯魔般地与候选人进行沟通，据说在小米创业最开始的半年雷军每天花70%～80%的时间找人。他的做法主要是用韧劲，找信得过的人请教后最终获得了一个20多人的名单，接着，就是疯魔式地与这个名单上的人进行不断沟通。

雷军认为，在核心人才上面一定要不惜血本去找，不仅要找出核心人才和优秀人才，还要创建适合这些优秀人才成长的企业土壤。优秀的人才大多在各自领域里功成名就，他们不需要太多约束，企业要给他们机会让他们去发现答案。小米的定位是一家很酷的科技企业，所以，急需优秀的硬件工程师，雷军耗费几个月的时间，才从100位候选人中成功找到负责小米硬件的联合创始人周光平。

（2）不拘一格吸引人才。

小米早期找人依靠疯魔式的沟通与交流和创始人们不惜一切代价的时间投入，但在开始发展的时候，吸引人才更多的是不拘一格，将不同行业的顶尖人才吸引到小米这个组织里。小米成立并发展两年后，团队从14个人扩张到400多人，团队非常年轻，且团队成员主要来自世界500强榜单上的知名企业，普遍拥有5~7年的工作经验，是整个行业里的精英与主力军。

来自不同知名企业的人才具备不同的性格特征，要将这400多位行业精英且都是年轻人聚集在一起，紧密配合朝着小米的目标前进，需要创始人具备非常宽阔的胸怀及小米具有极强的包容性才能够做到。同样意味着小米在这个阶段耗费的人力资源投入将超出同期优秀企业的3~4倍，要知道，当时的小米只是一家初创型企业，但人才来源的企业无一不是世界级的知名企业。

（3）筛选很重要。

雷军在面试的时候惯于用情景代入、开诚布公的方式，面对小米在发展过程中急需的重要人才，雷军不惜耗费大量时间反复与候选人交流，不断地畅享小米集团的未来。早期小米选人主要看行业内最专业的人才。找人本身就是一件很难的工作，更何况是找行业内最专业的人才，但小米的创业团队不怕花费时间，竭尽全力地寻找，最终才成就了小米今天的辉煌。

4. 塑造人才，留住人

小米本身就是打造一种发烧友参与开发的模式，所以在小米内部，非常强调员工成为公司的粉丝、员工成为公司产品的粉丝，同时也从公司产品的粉丝里发掘和吸纳员工。粉丝文化是小米倡导的一种特殊组织文化，小米的员工绝大部分是小米产品的粉丝，即便进入小米时不是，小米的企业文化及匹配的实物福利制度也能将员工转为小米产品的粉丝。另外，小米每个月会为内部员工发放一定数量的F码，让员工赠送给亲朋好友，从而可以获得小米网上的优先购买资格。

当然，小米并不认为留住人才仅靠粉丝文化就可以了，小米还为人才提供有竞争力的薪酬。早期雷军邀请人才会给出三个选择：一是和跨国公司一样的报酬；二是可以选择2/3的报酬，拿一部分期权；三是可以选择1/3的报酬，拿更多的期权。实际上，早期小米创始人邀请的人才更多选择了第二种方案，而小米所谓的"2/3的报酬"主要是对标国际型企业的薪资，但相对国内人力资源市场而言也是高薪，如果用市场薪酬数据对标，至少在市场70分位左右。这个收入水平足够被邀请的人才维持自己和家庭有质量的生活水平，而选择了部分期权，会让这些优秀人才更加愿意与公司一起发展，使人才的积极性和主动性都很高，战斗力很强。

小米的管理者把姿态放得很低，喜欢和员工打成一片，给予员工参与感、成就感。除此之外，小米对待员工还很包容。

小米留人除了以上措施和策略外，还注重塑造人才，使人才的成功与小米的成功紧密相连，从而实现人才与小米的长效捆绑。

（1）将培养落到实处。

小米组织努力提供适合于中高端人才落地成长的肥沃土壤，将优秀人才的引进与后续发展培养紧密结合在一起，既给优秀人才"钱"途，也给优秀人才前途。雷军在小米组织内专门设置用于培养人才的资源，让人力资源部放手去实施人才培养的事情，不定期引入优秀的课程和优秀的讲师，以充足的培训经验保障小米可以培养出有出色执行力、创造力的队伍。

（2）不设KPI（关键绩效指标）考核。

小米内部并没有如很多企业一样设置KPI考核指标，而是通过快速响应用户的反馈来驱动技术开发。不设置KPI并不意味着小米对员工的工作产出没有要求，而是小米的员工队伍都是高素质人才，小米本身也是知识密集型行业，通过更加直接的用户反馈促进知识型员工提升工作效率和响应速度更加符合知识型员工的管理需求。

（3）用组织环境影响人。

环境给人的暗示是溶于血液深处的，小米充分意识到这一点并加以利用。例如，小米的服务人员进入工作场所时需要换上充满青春气息的小米T恤或外衣，这种视觉上的统一会让每个小米员工受到这种气息和氛围的感染，保持心情的愉悦，以及在不经意间因工作而产生自豪感。

通过高薪、高收入回报，以及尽心培养人才、成就人才，小米在内外部人才供应链的建设上，打造了既有外部供应又有内部供应的双重人才供应通道，并通过培养和塑造等手段，确保人才队伍的稳定与持续发展，始终确保人才质量能够匹配小米快速发展的需要。如图5-8所示，在小米管理的重点中，找人花费创始人80%以上的时间。哪怕是上市后面临更为复杂的外部经营环境，小米主动发起人才战。

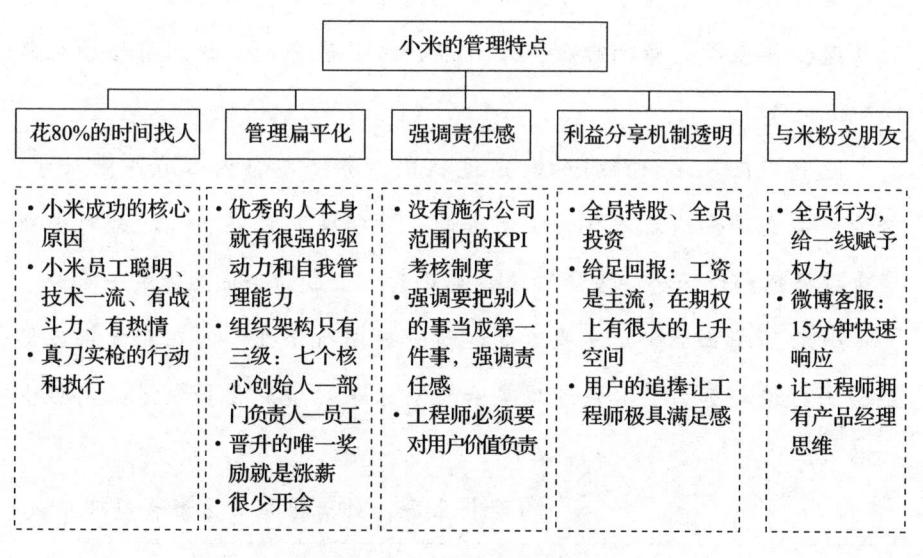

小米的管理特点				
花80%的时间找人	管理扁平化	强调责任感	利益分享机制透明	与米粉交朋友
・小米成功的核心原因 ・小米员工聪明、技术一流、有战斗力、有热情 ・真刀实枪的行动和执行	・优秀的人本身就有很强的驱动力和自我管理能力 ・组织架构只有三级：七个核心创始人—部门负责人—员工 ・晋升的唯一奖励就是涨薪 ・很少开会	・没有施行公司范围内的KPI考核制度 ・强调要把别人的事当成第一件事，强调责任感 ・工程师必须要对用户价值负责	・全员持股、全员投资 ・给足回报：工资是主流，在期权上有很大的上升空间 ・用户的追捧让工程师极具满足感	・全员行为，给一线赋予权力 ・微博客服：15分钟快速响应 ・让工程师拥有产品经理思维

图 5-8　小米的管理特点

5. 结论与启示

小米的成功并不简单地是商业模式的成功，无论是哪种商业模式，企业的运作与发展终究还是需要靠人力资源来推动，小米的成功与雷军等创始人早期不惜一切代价招募人才、在小米发展过程中始终重视人才供应链建设有很大的关系。

在小米的人才供应链建设过程中，有很多值得其他企业借鉴和学习的地方。

首先，在人才供应链的打造过程中，尤其是打造外部人才供应链的过程中，企业高层的参与和支持至关重要，小米早期的14位创业者全部投入人才的邀请行动之中，尤其是雷军将80%左右的精力都投入找人的事情中。

其次，在人才供应链的打造过程中，无论是内部人才供应链的打造，还是外部人才供应链的打造，不应该有人力资源成本的概念，更应该将打造人才供应链中的付出看成是人力资源投资，这是一种有非常可观回报预期的投资。小米在早期创业过程中，不惜给出国际公司的待遇，甚至是大量的期权，才可以让吸引过来的人才能够在小米集团中沉淀下来。

最后，在人才供应链的打造过程中，务必发自内心地尊重人才，努力地去塑造和成就人才，唯有如此，才能使人才在内心深处对企业产生荣誉感和认同感，才能够使之真正意义上成为企业组织的一部分。

小米自成立至今，发展速度远超一般同行企业，其在人才供应链层面的打造与努力为其快速发展和应对未来环境变化提供了必不可少的助力。

（资料来源：作者根据多方资料整理而成）

第六章

共享员工——未来新趋势

开章案例 | 横店集团：共享员工促复工复产

1. 公司介绍

横店集团 1975 年创立于中国横店，其经历三次较大程度的内部变革，形成如今的多元化发展、专业化经营的格局。横店集团主要包括电子电气、医药健康、影视文旅、现代服务四大产业业务领域，业务范围遍及 150 多个国家和地区。在不同业务领域，横店集团均获得了一定程度的成功，尤其是影视文旅业务板块，更是享誉全国，赢得了"中国影视梦工厂"的美誉。

2. 疫情带来的挑战

2020 年年初，新冠肺炎疫情突如其来，中国为应对新冠肺炎疫情，号召企业暂缓复工复产，号召人民居家减少外出和聚集，一时间对中国各行各业都带来较大冲击。其中，以餐饮、旅游、酒店和文化活动等受到的影响最大，而横店集团的主要业务大多集中在受疫情影响较为严重的行业。

但横店集团作为综合性的企业，暂缓复工复产导致横店集团的部分下属企业无法正常开展生产经营活动，员工成本成为悬在这些企业头上的一把利刃；而居民居家减少外出聚集对横店集团下属的劳动力依赖程度较高的企业又带来缺少人力资源的窘境。

例如，新冠肺炎疫情期间居民的出行受限，横店集团下属的横店影视城对景区接待人员等劳动力的需求临时降低，但如果直接使用裁员降低用工成本，一则会导致人力资源成本在短期内增加，二来也不利于疫情结束后横店影视城的业务恢复。与此同时，横店集团下属的工业企业已经复工，但受疫情影响大量外地员工无法返岗，出现阶段性用工缺口。

3. 共享员工模式的推出

2020年2月5日，国家发布应对新冠肺炎疫情的指引后，在不到6天的时间内，横店集团下属的横店东磁、得邦照明就主动与横店影视城对接，暂时借用其闲置员工以解一线用工短缺的燃眉之急。

在一周的时间内，横店东磁、得邦照明与横店影视城快速达成共享员工合作。2020年2月11日上午，横店影视城首批180多名员工赶到得邦照明，在一天的短期培训后将上岗作业，成为得邦照明产线上的一员。另外，还有200余名横店影视城员工将奔赴横店东磁，参与横店东磁的生产工作中。共享员工这一模式不仅缓解横店集团下属工业企业的用工难题，也在一定程度上减轻了横店影视城支付工资的压力。

横店集团的共享员工创举，在2020年年初新冠肺炎疫情的背景下，一方面解决了工业企业用工荒的问题；另一方面解决了服务行业员工闲置的问题，创新的用工模式迅速引起当地政府的注意，并迅速被推广。

4. 灵活用工的尝试

横店集团的共享员工模式是在横店集团架构下，集团内部不同企业间劳动力资源的自主调配。浙江省金华市快速总结和推广了横店共享员工的模式，在极短时间内共享员工模式就由被迫应对新冠肺炎疫情管控带给企业的挑战，升华到成为全区科研、技术骨干团队共享，跨企业破解不同企业存在的技术难题。这一趋势为共享员工的进一步发展提供了方向，也引发各界对自由职业者、企业"援军"机制的思考，更有部分人力资源管理研究者从共享员工模式现象反思起外部人才供应链中的"借"策略。横店集团共享员工模式一经推出，外界反应热烈，连主流媒体也以漫画形式予以报道，其他媒体的漫画图更是层出不穷，如图6-1所示。

图6-1 共享员工漫画

实际上，共享员工这一模式的推出与应用，也让横店集团成为最早复工复产的企业集团之一，横店影视城虽然因为控制新冠肺炎疫情的原因关停半年以上的时间，但在资本市场上横店影视的估价反而提升了不少，这也昭示着资本市场对共享员工这一模式的认可。

5. 结论与启示

共享员工只是新冠肺炎疫情下一种临时性的灵活用工尝试，但这一模式的提出饱含互联网时代资源共享的理念，也为目前人力资源市场上种种趋势和变化带来一种全新的思考模式。在互联网时代，雇员与组织间的关系将发生变化是一种必然趋势，传统的雇佣关系在互联网时代下将受到越来越多的挑战。

互联网时代的原生民踏足职场后，强调个性觉醒与自我独立将会对传统用工形式带来冲击，越来越多的自由职业者也会给用工形式带来冲击，或许未来共享员工的适用范围和形式将更为宽广和规范，人力资源管理从业者可以提前探究这一全新的灵活用工模式。

（资料来源：作者根据多方资料整理而成）

在互联网时代下，企业的经营管理将面临更多挑战和更大的机遇，人力资源管理作为企业管理的重要组成部分，同样面临着巨大的挑战和机遇。人力资源管理可以借助大数据（Big Data）对人才市场进行详尽分析，也可以充分与人力资源市场进行信息交互，甚至连过去难得一窥的薪酬市场数据在互联网时代也可以轻易获取。除了信息技术的应用，更重要的是秉承互联网时代"民主、开放、平等"的底层思维，主动与企业经营结合，切实改变对企业人力资源管理的核心策略。

第一节　人力资源部是否还需要

互联网思维强调"便捷、表达（参与）、免费、数据思维和用户体验"，这意味着互联网时代人力资源管理的定位、手段和趋势都将发生巨大的变化。

一、人力资源管理遇到的挑战

互联网时代本质上是一个以人为本的时代，因而企业人力资源管理在互联网时代将遭遇全新的挑战。

1. 人才竞争更加激烈

互联网时代下信息的传递更加便捷，曾经的空间障碍在互联网时代将不再是问题，这意味着企业将面临的人才竞争更加激烈。而承担企业人才供应的人力资源管理部门遇到的挑战首当其冲，传统的揽才手段将面临升级迭代的挑战。

2. 观念的转变

互联网时代下以人为本的意识逐渐觉醒，人才与企业间的关系也由过去的单纯依赖关系变为互联网时代下的共存关系，人才与企业开始处于同一个平台上进行真正意义上的双向互选，这一现状改变企业在传统人才招聘中占据主导的地位，即人力资源市场由传统的买方市场转化为互联网时代下的买卖双方市场。

二、人力资源管理的机遇

依据中国传统文化的哲学观点，危中有机，挑战与机遇并存，互联网时代的深入发展同样会带给企业人力资源管理更多的机遇。

1. 人才招聘渠道更加丰富

在互联网时代，新技术和新信息的传播通道日新月异，信息传播的速度瞬息千里，人才招聘的渠道越来越丰富，人才寻猎的地域范围越来越开阔。互联网时代科技的进步及移动互联网终端设备的广泛使用，使企业与人才间的交互变成了端对端的交流，微信朋友圈、微博圈子等功能不仅实现企业与人才端对端的对接与沟通，更使企业能全方位地利用一切招聘中可以利用到的信息资源。

2. 人才培养途径更加多样

人才培养是企业对已有人才质量进行提升、对现有人力资源增值的有效手段。在互联网时代，人力资源管理者通过互联网和企业管理平台，可以补充、维护企业的培训内容，并且以各种形式扩充需要传授给员工的知识资源、技能资源，并且端对端地推送给需要培养的员工，确保员工可以利用碎片时间对自身进行能力提升和知识面拓宽。同时，虽然采取一对多的共享形式实施培训，但得益于互联网时代工具的强大功能，企业依旧可以实现与员工的即时互动，使培训效果更加可控。

3. 提高企业对人才的吸引力

互联网时代得益于信息传播的便捷，企业可谓是没有秘密可言。这样的背景意味着企业要比过去更加注重企业形象与社会责任，任性的企业管理者必然会为企业带来被动的舆论环境。

三、人力资源管理的角色定位

在互联网时代来临之际，人力资源管理也正式迈入人力资本价值管理阶段。在互联网时代，人力资源管理的核心目标是关注人的价值创造，实现人力资本价值的增值。为此，需要人力资源管理者在企业内部构建共创、共享、共治机制，并充分利用互联网时代的信息技术。企业存在的核心价值是创造尽可能多的利润，因此不能创造价值的人力资源对企业而言不是资源，而是一种负担。以人为本是以价值创造者为本、以持续奋斗者为本。换句话说，在互联网时代，人力资源管理的角色要顺应时代的变化而发生改变，由过去的管理者变成引领者和服务者。

四、人力资源部的价值呈现

首先，基于互联网时代的价值呈现规律，人力资源管理工作的基础价值之一是服务价值。在构建劳资关系和谐的基础上，熟悉《中华人民共和国劳动合同法》及相关法律法规，以人为本，做好基本的劳动关系管理工作。以建筑设计公司为例，原有的服务职能可以通过标准化进行效率提升，在合法合规的基础上，为员工提供专业、周到的服务，建立员工对公司的安全感和信任度。

其次，人力资源部的价值在于牵引与支撑业务发展，必须利用互联网的数据优势，关注大数据和数字融合，通过数据化提升人力资源管理的科学性，如惯常的程序化决策完全可以依据数据来进行；同时，需要懂经营、懂业务的人帮助挖掘人力资源与客户资源数据，为人力资源的补充及价值创造提供重要依据来源。

最后，人力资源部的价值在于传递公司的价值观，需重视情感链接，以及网络时代沟通无限的因素，强调人才价值以适应新生代员工的情感诉求。

五、人力资源部是否必要

互联网时代人力资源管理依旧在企业经营管理中发挥重要价值，但人力资源管理的价值呈现将会存在更多的形式，并不一定需要通过人力资源部去实现人力资源管理的价值。互联网改变了人与组织的关系，互联网时代的区块链强调去中心化，实际上，互联网时代下的企业组织管理也存在去中心化的诉求。

单纯的人力资源部已经无法掌控或影响员工应对未来的变化，要学会运用集体智慧扩大员工的效用边际，并不能局限于人力资源部这样的一个小组织形态。

互联网带给各行各业的变化是巨大的，互联网时代下人力资源部也许没有存在的必要性，但人力资源管理的职能无疑将变得更加重要。

第二节　信息技术的影响

在互联网时代，随着现代信息技术与人们生活生产融合程度不断加强，不仅为企业管理手段的改革和创新创造了良好的空间，也对传统的人力资源管理模式产生了巨大冲击。为加快现代企业的发展，需要充分发挥出信息技术在人力资源管理中的作用，将人力资源管理与信息技术紧密融合在一起，促进人力资源管理水平的不断提高。信息技术应用于人力资源管理的各个方面，如图 6-2 所示。

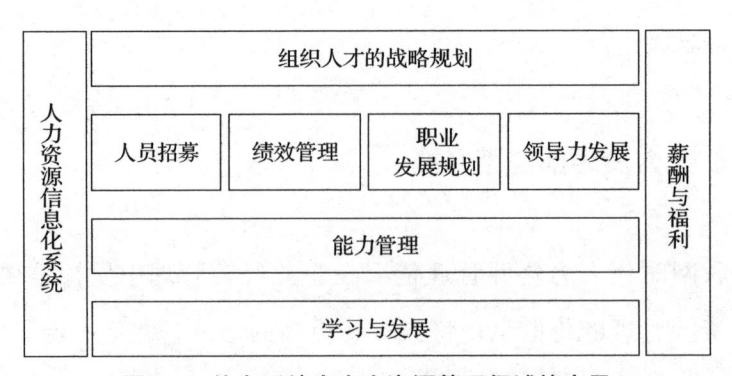

图 6-2　信息系统在人力资源管理领域的应用

一、对雇主品牌宣传和传播的影响

雇主品牌是信息时代所说的"口碑",口碑来自用户,雇主品牌也来自企业品牌的用户,即员工。雇主品牌来自公司的价值观、愿景,在宣传的同时形成"标签",在日常管理工作中逐项落到实处,以核心员工为载体,以为员工提供优质的工作体验、提高雇主在人才市场的知名度和美誉度为目的。

因信息技术的普及,"快""流量""渠道"等成为雇主品牌宣传和传播的关键词。雇主应在管理方面坚持"以人为本""诚信为先"的原则,在合情、合理、合法的基础上做好人力资源管理相关工作,在出现重大员工关系危机事件时,必须第一时间引起重视、面对问题、分析原因并及时补救,并注意信息的公开披露,以确保树立正面的企业形象。

由于信息时代信息传播的成本变低,企业在宣传雇主品牌时还需要关注有损雇主品牌形象的非法信息技术的利用,如水军用发帖机器人集中发布诋毁企业形象的事件等。

二、对人力资源专业工作的影响

信息技术的普及和发展对开展人力资源专业工作提供了多种可能性,并大大提高了工作效率,对管理质量的提升起到了积极作用。

1. 招聘配置

人才的招聘渠道较原始方式进行了拓宽,可以充分利用互联网的传播速度,通过新型媒体设计页面和主题进行传播,如微博、微信、

IM、视频、博客或空间、论坛、朋友圈等方式，通过社交网络上的"接力转发"等可以大大提升招聘信息的传播速度。

2. 培训发展

员工的学习方式从传统的线下逐渐加入线上内容，课程呈现方式也多姿多彩，如MOOC（大型开放式网络课程）、短视频等方式，让学员可以随时随地获取相应的学习资源进行学习，并通过线上积分或打卡的方式，增加学习的趣味性。对企业来说，线上学习也极大地减少了培训成本，有利于组织学习资源的沉淀。

3. 绩效管理

在结合线下沟通的方式下，绩效考核常规流程将更好地依托网络平台进行，如绩效目标的制订、绩效评价、绩效结果公示等，这将大大节约管理者和人力资源工作人员的事务性工作时间，并把主要精力放在绩效目标及结果沟通上，同时，便于人力资源部门对绩效管理相关数据进行收集，作为公司管理数据分析的重要来源。

4. 薪酬管理

对于员工普遍关心的薪酬结构及工资内容，在确保信息安全的情况下，员工有权了解公司相关薪酬政策及个人薪酬的具体内容，通过信息平台的合理披露，将有助于员工掌握个人工资、社保及公积金等情况。管理者及人力资源部门将把主要精力放在沟通公司政策及个人价值来源上，以激发员工的积极行为。

进入互联网时代后，信息技术的发展与更新达到日新月异的速度，新信息技术的应用也如雨后春笋般发展，这些新信息技术在人力资源管理上的应用也与时俱进，如由早期的纸卡考勤机到刷卡考勤，再到指纹考勤及人脸识别考勤等，几乎是连贯不断的，但在有些企业使用人脸考勤的同时，还有部分企业依旧坚持用传统的刷卡方式考勤，其对于新信息技术的应用速度已慢于新信息技术开发的速度。

第三节　大数据的影响

人力资源管理的大数据包含的信息量非常大，除常规人员的数据统计之外，基于业务特性的人力资源管理需密切与业务结合。大数据分析提供了人力资源管理的新视角，尤其需要将绩效管理及经营、运营结合在一起，并最终实现人力资源管理与业务的融合，支撑和服务业务以实现企业经营的成功。

一、大数据的主要应用

在互联网时代下，需要将用户体验变成员工的 KPI，才能保证 KPI 是有效的，才能使员工瞄准产品目标及公司目标。在员工 KPI 设计中，不能以项目团队完成多少任务作为考核要素，而是把客户体验和反馈转化为 KPI 的考核要素。以员工为客户体验贡献多少作为考核重点是互联网时代下绩效管理的重要转变，即把客户体验获得的回报值变成绩效考核的重点。这意味着有太多不能够直接量化的内容会成为考核的重点，也意味着对考核目标的确立会存在较大程度的不确定性，而大数据则可以在很大程度上解决这个问题。

二、其他领域大数据的应用

除在绩效管理领域大数据拥有优势外，人力资源领域的基础大数据也可以参照绩效管理底层数据的分析原则，对人力资源领域的相关数据进行收集和分析，并从中发现数据变化的原因，给出解决方案。

互联网时代是以知识经济为主的全球化经济时代，处于大数据时代中的企业地域限制将会消失，在提高企业竞争力的过程中从全球范围内进行资源配置是一种必然趋势。人力资源管理作为企业经营管理活动中人力资源配置的抓手，在大数据时代获得各项工作环节极大便利的同时，也对人力资源管理创新提出了要求。

大数据在人力资源管理领域的应用范围非常大，不同维度的应用对原始数据的要求各不相同，如图 6-3 所示。

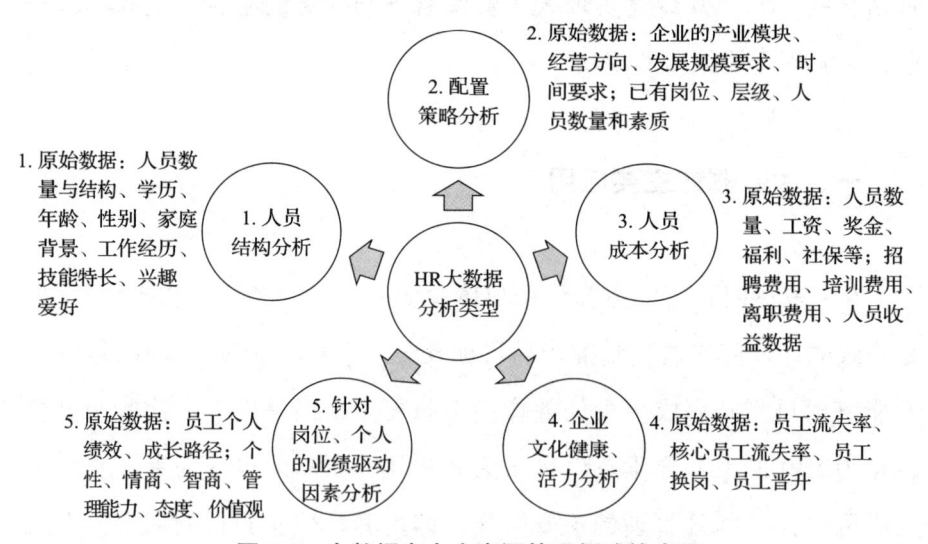

1. 原始数据：人员数量与结构、学历、年龄、性别、家庭背景、工作经历、技能特长、兴趣爱好

2. 原始数据：企业的产业模块、经营方向、发展规模要求、时间要求；已有岗位、层级、人员数量和素质

3. 原始数据：人员数量、工资、奖金、福利、社保等；招聘费用、培训费用、离职费用、人员收益数据

4. 原始数据：员工流失率、核心员工流失率、员工换岗、员工晋升

5. 原始数据：员工个人绩效、成长路径；个性、情商、智商、管理能力、态度、价值观

HR大数据分析类型：
1. 人员结构分析
2. 配置策略分析
3. 人员成本分析
4. 企业文化健康、活力分析
5. 针对岗位、个人的业绩驱动因素分析

图 6-3 大数据在人力资源管理领域的应用

企业的核心竞争力需要通过加强人力资源管理工作来提高，大数据时代企业人力资源管理创新是顺应时代发展趋势的一种必然要求，

因此，大数据环境下的企业人力资源管理应围绕培养企业的核心竞争力为前提，如何利用大数据开发与培训员工应该作为人力资源管理的重要目标。

第四节　共享员工

互联网时代的发展也使企业的用工形式发生了巨大变化，人力资源管理的职能伴随着用工形式的变化也将发生根本性变化。例如，2020年年初，在新冠肺炎疫情肆虐下，共享员工这一全新的用工形式也开始被企业所应用，尤其是在物流终端最后一公里配送环节。

共享员工也被称作共享用工，是不同企业间在特殊时期为调节阶段性用工紧缺或富余的状况，在尊重员工意愿、多方协商一致的前提下，将闲置的员工进行跨界共享并调配至有用工需求的企业中，实现社会劳动力资源的优化配置、员工供给方降低人力资源成本、有用工需求的企业快速补充劳动力、工作量不饱和的员工获得劳动报酬的新型合作用工模式。

共享员工这一模式的出现恰好处于新冠肺炎疫情这一特殊时期，因此，一出现就获得政府的阶段性支持，并作为国内企业应对新冠肺炎疫情的积极做法之一推广。本质上，共享员工的做法能够帮助人力资源在不同企业间进行人员调动，实现人力资源在短期内的再分配，不涉及根本雇佣关系的变化，使人力资源不至于因为新冠肺炎疫情离岗而完全闲置。虽然共享员工是在新冠肺炎疫情下临时出现的一种用工形式，但实际上在互联网时代，这也将成为一种全新的趋势。

一、溯源

共享员工是在人力资源使用端自觉、主动发起的资源重新配置活动，即企业间富余和空缺需求间自行调剂的用工形式，但实际上企业间、个体与企业间、个体与个体间自发的人力资源自发调剂和共享都可以认为是共享员工。

2020年，共享员工模式之所以兴起，是因为在新冠肺炎疫情持续影响下部分暂时无法复工的中小企业面对员工的基本工资无力支付，裁员既不符合政府要求，也不符合企业长期发展的利益诉求，同时因为绝大部分员工居家不外出，导致网购配送压力剧增，配送人员严重不足，人力资源阶段性富余和人力资源阶段性紧缺在新冠肺炎疫情的放大下同时井喷，因而出现了共享员工模式。

实际上从2008年《中华人民共和国劳动合同法》生效后，类似于共享员工的雏形已经出现，如派遣员工、众包任务发布等，都属于灵活用工形式，为共享员工模式的提出积累了实践经验。但派遣员工主要用于对制造类企业一线工人的补充，而众包任务发布更多是面对设计、技术等知识密集型行业的自由职业者，依靠的是商务合同约束，并不完全属于劳资双方的雇佣关系和组织关系。

二、发展和形式

共享员工从提出概念到实际应用时间并不长，而且也始终被认为是企业应对新冠肺炎疫情的一种临时性措施。但这一模式可以达到人力资源短期内的定向流动、提升社会资源配置效率的效果，未来能否深入发展并成为一种全新的社会人力资源配置模式，还需要进一步论证。

在互联网时代下，共享员工的思路符合互联网时代跨界、共享的核心理念，具有一定的社会意义，因此人力资源管理从业者可以深入研究和尝试这一全新的模式。2020 年共享员工这一模式的推出在缓解传统餐饮业、中小企业人力资源过剩和新兴电商零售平台人力资源紧缺间起到了积极作用。

目前，共享员工在电商配送端的应用比较广泛，在部分影视与旅游行业中也存在一定程度的应用。未来共享员工的应用领域可能会进一步增多，适用的行业也会进一步扩大。

三、展望

在互联网时代灵活用工将成为未来人力资源市场供需双方一个重要的变化趋势，信息技术及大数据分析的广泛使用，为共享员工的推广提供了技术基础。共享员工模式能使很多企业解决人力资源壁垒，主动和自觉平衡人力资源过剩企业和人力资源紧缺企业间的人力资源需求缺口，实现社会资源的高效配置。

伴随着知识经济的发展，在中国的知识密集型行业自由职业者的数量也日趋庞大，如管理咨询、律师、创意设计、文化演艺活动、作家等领域。时代的技术背景为企业需求与人力资源提供者间的精准匹配创造了前提，即便不是传统的劳资关系，也能够获得更加精准的匹配和有效的流动，这对社会效率的提升存在积极意义。

共享员工虽然是全新的用工模式，但灵活用工在中国由来已久，据前瞻产业研究院的统计数据显示（见图 6-4），未来中国的灵活用工规模将会持续上涨。需要注意的是，共享员工不同于早期形态"劳务派遣"的特点，共享员工是各主体要素参与自发主动配置劳动力资源，前提条件是各方平等自愿、不以共享员工为营利目的而实施的多方共生共赢的一种形式，一旦涉及以营利为目的则极有可能触及用工形式的法律红线。

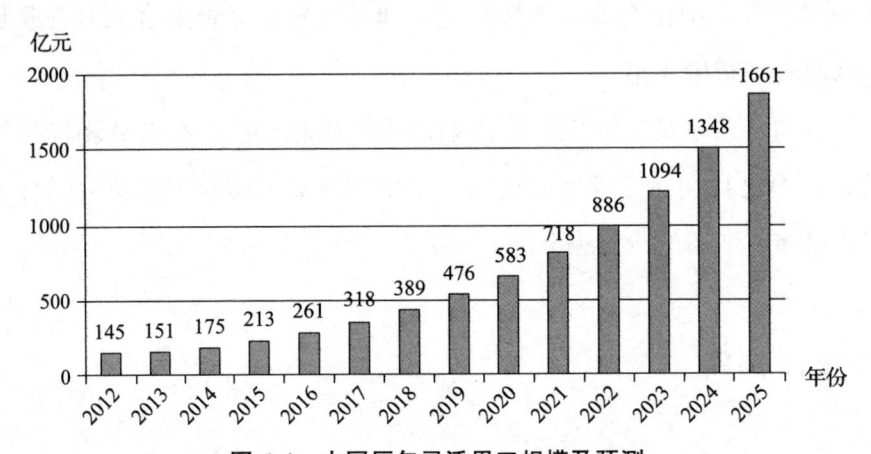

图 6-4 中国历年灵活用工规模及预测

年份	2012	2013	2014	2015	2016	2017	2018	2019	2020	2021	2022	2023	2024	2025
亿元	145	151	175	213	261	318	389	476	583	718	886	1094	1348	1661

资料来源：前瞻产业研究院。

共享员工本质上是跨界用工，包括跨区域、跨行业、跨企业、跨部门和跨职能的临时借用、分享闲置劳动力的用工形式，需要共享方和使用方及被共享的员工三方都彼此信任、具备契约精神，且在跨界使用的过程中不出现信任危机和泄密风险。

未来的共享员工大概率不会局限在目前的几个行业，而是会在更广泛的行业领域内展开，但共享员工不是零工经济，也不是物化人力资源的短期止损操作，包括人才供应链中外部人才供应链的"借"策略，也是共享员工的一种形式。

在互联网时代的背景下，人力资源管理正在向人才供应链、干部领导力和激励约束平台的层面发展，传统的人力资源管理职能将在互联网时代被打散，并将根据具体的管理对象、服务对象进行重新组合，形成新的价值创造模式。

章末案例　　云南某企业：人力资源部该不该撤

1. 公司介绍

在新冠肺炎疫情突如其来之后，云南某企业的CEO与人力资源总监间两个回合的较量引发全社会较大范围的关注，最后以CEO宣布人力资源部的十大问题并在该企业内裁撤人力资源部而告结束。社会各界对这一事件普遍关注，讨论的话题从企业的社会责任逐渐转移到人力资源管理的职能，以及其在企业经营管理中的价值创造，广泛的讨论使这个案例成为人力资源管理者、从业者深入思考的切入点。

2. CEO与人力资源总监的两度交锋

2020年年初，农历春节过后，新冠肺炎疫情突如其来并迅速在中国大地蔓延开来，作为社会经济基础的企业受到较大程度的影响，即便很多企业的运营到了举步维艰的地步，但依旧有绝大多数企业响应国家疫情防控的要求停工或暂缓开工，降低人群聚集机会，切断病毒的传播链条。

2020年2月底，一封CEO措辞激烈的邮件被发布在网络上。事情的起因是云南一家企业的人力资源总监向总经理提交了《关于疫情下人工成本控制的报告》，这份报告具体如何并不可知，但从CEO措辞激烈的邮件回复来看，主要是对人力资源总监以下几个方面表达了不满意：只拿法规说事，没有提出建设性的解决方案；人力成本控制的建议方案（如共享员工）不具备可操作性；只站在自己的岗位考虑问题，关注的是旁枝末节的事情，没有从经营角度考虑问题；工作不上心，政策收集不全，也没读懂，没有真心去应对疫情的挑战。

这封邮件公开出来后，外界评论绝大部分是站在 CEO 一方，认为企业都活不下去了，谈其他的东西没有任何意义。实际上，企业不是慈善机构，这一点都清楚，企业存在的核心意义就是创造尽可能多的利润，但新冠肺炎疫情属于不可抗力，是全国人民必须共同面对的一项社会挑战，企业作为社会的经济单元，固然有其生存的底层逻辑，但在全社会需要共同面对的灾难面前，也需要为恢复社会秩序尽应尽的义务。

随后传来的第二波交锋则是这家企业的 CEO 在该企业 3 月的中高层例会上，当众宣布人力资源部的十大问题，并宣布在该企业裁撤人力资源部。也正是这一轮交锋，使社会各界对该事件的讨论由广泛、开放而逐渐聚焦到人力资源管理职能对于企业的价值。

3. CEO 为人力资源部定的十大问题

云南某企业 CEO 决定在该企业裁撤人力资源部肯定不是一时冲动，更不是宣泄情绪，而是从企业经营管理的角度认为人力资源部没有存在的必要性，也就是该企业的人力资源部并不能在该企业的经营发展中创造价值。姑且看看该 CEO 代表董事会宣读的裁撤该企业人力资源部的十大原因。

（1）人力资源职能同质化严重。

随着互联网的深入发展，以招聘、人事管理、保险购买、绩效考核、薪酬核算为基础的人力资源管理职能已经完全可被技术替代。行政性的业务动作也随着公司标准化体系的成熟而变得机械。基于平台化和集约化人工操作的双轨运行模式，有利于人工成本优化和组织架构扁平化改革。

（2）人力资源部不具备规划能力。

众所周知，人力资源规划是公司战略规划的重要支撑。同时，公司战略规划制订者如果不具备人力资源规划能力，他本身就不是一个合格的战略管理者。通常人力资源部在其中所扮演的角色只是数据统计与说明。

（3）HRBP（人力资源业务合作伙伴）是个伪命题。

这两年人力资源部提出并践行HRBP职能，效果不佳。反而有业务基础的员工学习HR（人力资源）效果更好。业务团队的一个文员，经过短期训练，完全可以基于人力资源系统操作人事基础事务。HRBP概念的提出，本身就说明了人力资源职能的尴尬和无奈！没有业务驱动的人力资源已成鸡肋。

（4）人力资源的核心制度不是人力资源部写的。

激励制度是人力资源的核心制度，更是公司的根本制度，这是CEO最关心且必须亲自组织制订的，人力资源部只提供数据验证，这个财务也可以做。人事任免规则是保障公司用人公平公正的基本保障，这是董事长要考虑的，人力资源部只需要提供人员考核评估工具。但是，多年以来，这些工具得出的评价结果有失公允！公司宁愿花钱请更加客观的第三方机构运作。

（5）"和稀泥"的工作方式大大降低了组织运作效率。

人力资源部在某种程度上已经成为"官僚作风""形式主义"的发源地。在所谓的平衡关系中左右摇摆，看似左右逢源，实则浪费资源。"和稀泥"的工作方式虽然可以缓解矛盾，但与损伤组织运作效率相比，我们定当以组织运作效率的提升为优先。

（6）对法律一知半解。

最终搞定劳动关系仲裁事件的一定是法务专员。人力资源部只会尾随其后提供劳动合同、考勤等依据。人力资源部没有真正弄懂劳动关系相关法律，更不用提灵活应用。

（7）把招聘做成了数字游戏。

用所谓到岗率、编制满足率、新员工流失率、离职率等一大堆数字来为招聘效能低下找借口。招聘是人力资源部对其他部门唯一的价值存在。但是，我们看到的只是毫无意义的招聘 KPI 指标，关键岗位人员依旧空缺。内部员工推荐的人才其实和人力资源部没有任何关系。因为内部推荐人才奖励的钱是业绩部门赚来的。

（8）文化是干出来的，不是感动出来的。

什么样的实践塑造什么样的文化。讲一个好听的故事，感动哭一波人，不如员工创造更多的业绩。

（9）培训本就不是人力资源的职能之一。

培训本身是人才梯队建设的手段之一，说教式培训已经逐渐被体验式培训取代。"百炼成钢，百战成王"，把培训经费的 80% 省出来，交给在实践中失败者当学费更有价值。

（10）人力资源最终以社会认同谋求职业尊严。

人力资源总监至少 35 岁以上了，转型风险大，提升难度大，个人收益只靠工龄熬。人力资源总监热衷于各种协会、峰会、俱乐部，从相互倾慕、资源互换来谋求职业尊严，用人脉圈不断扩张的喜悦麻痹自我革新之苦，本身就是对职场氛围的严重污染。

该企业的 CEO 洋洋洒洒为人力资源部总结出来的十大问题，其中，有人力资源管理本身在互联网时代遭遇到的挑战，也有该企业人力资源部业务不熟练的原因，也有部分是该企业 CEO 对人力资源职能的误解，但是对很多企业的人力资源管理从业者而言，这十条至少代表着企业 CEO 对人力资源部的一种看法。

4. 人力资源部该不该撤

很多人认为该企业 CEO 所做出的决策略显草率，有挟私报复的嫌疑，企业的运营和发展离不开人，所以，任何一个企业什么部门都可以裁撤，但人力资源部一定不能裁撤。支撑这些观点的论证包括："只有打造人力资源管理部的强，才有企业人力资源管理的强；有了人力资源管理的强，才有企业管理的强；企业管理的强，再加上方向的正确，企业才有光明的未来。""人和人力资源管理是企业运营和发展的重要组成元素，过去需要，现在需要，未来同样也需要。哪怕智能化进程的速度有多快，力度有多大，都不可能取代人的位置。"

云南这家企业的人力资源部已经裁撤了，毕竟是CEO的提议、董事会的决策，从企业治理层面出发，这个决议要执行下去。而对于人力资源部本身，不能够在企业价值链上发挥应尽义务的组织一律没有存在的价值，这个不发挥价值的组织要么被裁撤，要么进入整改程序。整改一个并不创造价值的组织，一般从两个角度着手：一是切分价值链上更具价值的职能到这个组织；二是替换这个组织内部的现有员工，换上能够胜任的员工。

企业如同一个小社会，所有岗位上的员工聚集在一起的根本原因是企业在创造价值的过程中需要分工与协作，如果达不到这一基本要求，企业内部哪怕员工的数量再多，也会是一盘散沙。员工聚集在一起要形成团队并由此迸发团队的力量，是需要有人力资源管理的职能作为支撑的，但人力资源管理的职能并非一定需要人力资源部才能够履行。

很多人对人力资源部存在不满。导致这一情况的原因主要是人力资源管理虽然伴随着现代企业制度的形成已经存在，但作为一项企业功能性模块近几年来被提到了太过重要的位置，才会因为各种履职不到位而招致企业的不满意，根本原因还是企业对人力资源部的期望值与人力资源部表现出来的价值出现了严重的偏差。实际上，如果有人专门去研究企业的行政部、财务部等部门，履职不到位的情况也存在。所以，人力资源部有问题是正常现象，人力资源部也可以裁撤，但人力资源管理的职能在任何一家企业内部都必须有相关部门或岗位来承担。

在互联网时代，企业变革比起以往更加频繁，组织架构变革往往是企业变革的关键动作之一，能否有足够适任的人才供应成为关乎企业变革成败的关键。在这一背景下，人力资源管理的传统组织架构在组织中的意义被迅速消减，与之对应的是企业人才供应链、干部领导力培养和激励约束机制的建设，在这种趋势下，人力资源部在组织内部没有存在的意义，但人力资源管理的绝大部分职能转移到具备干部领导力的各分支组织干部身上。当然，也有很多人认为，人力资源部并没有裁撤的必要，但有必要更换不胜任的人力资源管理从业者。

5. 结论与启示

时间进入2021年，新冠肺炎疫情防控形势再度严峻起来，但同2020年年初新冠肺炎疫情突如其来比较，现在国家和社会的应对已经从容很多，低风险地区的企业依旧照常运作，只是人们出行时将采取更多防护措施。云南某企业的CEO与人力资源总监间的交锋也已经在媒体界面沉积变冷，成为一个历史事件，但这个事件对企业管理和人力资源管理依旧存在着警醒的意义。

首先，企业人力资源管理者必须始终让自己维持在学习状态，不要有自己在某一区域已经是高级人力资源管理者的盲目自信，互联网时代唯一不变的就是变化，只有做好自己，才能够应对一切变化。

其次，人力资源管理者要不断地提升自己的专业能力，并及时、主动地去贴近企业的业务运作。不懂业务的人力资源管理是没有前途的，人力资源管理从业者在提升自己专业能力的同时，要避免走入人力资源管理为了专业而专业的困境，主动贴近业务，主动为企业业务的开展和提升提供专业的助力。

最后，企业管理者也不要将人力资源部门当成是万能的救火队，人力资源部门是一个专业性很强的部门，并不能解决企业所有的问题。同时，企业管理者也不要将企业的全部人才管理工作交给人力资源部，须知企业人力资源管理的第一责任人是企业的一把手，部门人力资源管理的第一责任人是部门的一把手。

（资料来源：作者根据多方资料整理而成）

参考文献

[1] 埃里克·施密特. 重新定义公司［M］. 靳婷婷, 陈序, 何晔, 译. 北京：中信出版社, 2015.

[2] 保罗·尼文. 平衡计分卡：战略经营时代的管理系统［M］. 胡玉明, 等译. 北京：中国财政经济出版社, 2003.

[3] 曹常海. 企业战略、人力资源管理系统与企业绩效的关系初探［J］. 现代营销（下旬刊）, 2019（2）：11.

[4] 陈春花. 激活个体：互联时代的组织管理新范式［M］. 北京：机械工业出版社, 2015.

[5] 崔建武, 胡敏, 张勤. 人力资源管理发展战略［M］. 北京：煤炭工业出版社, 2018.

[6] 方罗生. 试论人力资源管理中的激励问题［J］. 企业家天地（理论版）, 2011（7）：48.

[7] 方振邦, 徐东华. 战略性人力资源管理［M］. 2版. 北京：中国人民大学出版社, 2015.

[8] 国家统计局. 2017年国民经济行业分类（GB/T 4754—2017）［S/OL］.［2017-6-30］.

[9] 郝韵. 战略管理与人力资源管理的融合关系［J］. 中国商论, 2019（3）：143-144.

[10] 贺旻. 区域战略人力资源管理方法与开发策略研究［D］. 大连：大连理工大学, 2007.

[11] 何难绝. 试析战略人力资源管理对企业绩效的影响［J］. 营销界, 2019（33）：37-38.

[12] 黄攸立，荣闪闪，刘志迎.战略人力资源管理与组织战略、企业文化的内外部契合——以腾讯COE为例[J].中国人力资源开发，2018，35（2）：72-80.

[13] 焦晓彬.新常态下人力资源管理战略思考[J].现代营销（信息版），2019（10）：224.

[14] 金志刚.生命周期视角下的企业战略人力资源管理探讨[J].中国市场，2019（11）：104-105.

[15] 理清，周倩.互联网时代的商业迷局：互联网思维下的商业重构与再生[M].北京：中国铁道出版社，2015.

[16] 李海燕.将人才转化为战略影响力：企业高管的八大HR思考[M].北京：电子工业出版社，2017.

[17] 李洪英.战略人力资源管理与员工绩效[M].北京：社会科学文献出版社，2018.

[18] 李晓谦.企业人力资源管理战略的思考与实践[J].劳动保障世界，2019（3）：21.

[19] 李燕萍，李锡元.人力资源管理[M].2版.武汉：武汉大学出版社，2012.

[20] 李祖滨.聚焦于人：人力资源领先战略[M].北京：电子工业出版社，2017.

[21] 梁燕君.基于战略管理的人力资源绩效评价与薪酬管理探究[J].科技经济导刊，2019，27（7）：238.

[22] 刘宁.战略管理人力资源在企业的应用[J].现代经济信息，2019（3）：80.

[23] 刘琴琴，戴剑.新常态下的人力资源管理：战略、体系和实践[M].上海：上海财经大学出版社，2017.

[24] 罗宁.Y集团江西分公司战略人力资源发展规划研究[D].南昌：南昌大学，2018.

[25] 罗小成.基于成本分析视角的HC公司人力资源规划研究[D].昆明：昆明理工大学，2016.

[26] 牛艳红.湖北农业产业化龙头企业战略人力资源管理研究[D].武汉：武汉轻工大学，2011.

[27] 潘平.上承战略下接人才：人力资源管理高端视野[M].北京：清华大学出版社，2015.

[28] 彭聃龄.普通心理学[M].北京：北京师范大学出版社，2012.

[29] 彭剑锋.战略人力资源管理：理论、实践与前沿[M].北京：中国人民大学出版社，2014.

[30] 邱翔. JM公司人力资源战略规划研究[D]. 泉州：华侨大学，2016.
[31] 邵红山. 企业如何进行激励机制建设[J]. 人力资源管理，2011（11）：124-125.
[32] 宋林章. 基于战略管理视角的企业人力资源规划研究[J]. 中国管理信息化，2019，22（20）：110-111.
[33] 孙蔚. 论国有企业经营管理者的激励机制[D]. 北京：对外经济贸易大学，2000.
[34] 唐贵瑶，魏立群. 战略人力资源管理[M]. 北京：机械工业出版社，2018.
[35] 唐海悦. 刍议战略人力资源管理对企业绩效的影响[J]. 知识经济，2019（19）：9-10.
[36] 仝旭峰. 战略性人力资源管理在企业战略管理中的作用[J]. 全国流通经济，2019（17）：92-93.
[37] 汪群，李卉. 战略人力资源管理[M]. 北京：高等教育出版社，2019.
[38] 王彦君. 基于企业战略的人力资源规划流程及方案探析[J]. 人力资源，2019（10）：50-51.
[39] 王艳艳，赵曙明. 我国人力资源管理本科专业课程体系设置研究[J]. 人力资源管理，2010（8）：37-39.
[40] 王舟浩. 行为激励与工作绩效[J]. 航天工业管理，1997（12）：34-36.
[41] 韦诗怡. 基于企业战略转型的人力资源管理分析[J]. 企业科技与发展，2019（3）：181-182.
[42] 文跃然. 人力资源战略与规划[M]. 2版. 上海：复旦大学出版社，2017.
[43] 吴风琴. 现代企业战略人力资源管理探讨[J]. 品牌研究，2019（1）：63+72.
[44] 薛珠. 浅析战略人力资源管理与企业文化的内外部契合[J]. 现代营销（下旬刊），2019（11）：186-187.
[45] 杨国安. 组织能力的杨三角：企业持续成功的秘诀[M]. 北京：机械工业出版社，2010.
[46] 余晓雪. 基于平衡计分卡的企业战略执行研究——以A公司为例[J]. 中国管理信息化，2015，18（9）：115-116.
[47] 余晓云. 论人力资源的战略规划与管理[J]. 现代经济信息，2019（11）：100.
[48] 袁婕. 战略管理视角下的企业人力资源规划研究[J]. 科技经济导刊，2019，27（24）：223.
[49] 张相林，吴新辉. 人力资源战略与规划[M]. 北京：科学出版社，2016.
[50] 张弘达. 战略人力资源管理与企业竞争优势研究[J]. 现代经济信息，2019（6）：21+23.
[51] 詹姆斯·M.库泽斯，巴里·Z.波斯纳，斯蒂文·J.戴启思. 领导力：如何

在组织中成就卓越[M]. 陈文芳, 李云燕, 崔音, 译. 亚洲版. 北京: 电子工业出版社, 2014.

[52] 詹姆斯·艾伦, 韩微文, 丁杰. 可复制性模式三原则[J]. 商学院, 2014 (7): 88.

[53] 赵曙明. 人力资源战略与规划[M]. 4版. 北京: 中国人民大学出版社, 2017.

[54] Elizabeth McClean, Christopher J Collins. Expanding the concept of fit in strategic human resource management: an examination of the relationship between human resource practices and charismatic leadership on organizational outcomes[J]. Human Resource Management, 2018 (10): 58.

[55] Eva-Maria Oppel, Vera Winter, Jonas Schreyögg.Examining the relationship between strategic HRM and hospital employees' work attitudes: an analysis across occupational groups in public and private hospitals[J]. The International Journal of Human Resource Management, 2019, 30 (5): 794-814.

[56] Jae Eun Lee, Rosemary Batt, Lisa M Moynihan.Strategic dilemmas: how managers use HR practices to meet multiple goals[J]. British Journal of Industrial Relations, 2019, 57 (3): 513-539.

[57] Jarmila Straková, Jan Váchal.Position and importance of strategic human resources management in internal environment of companies in the czech republic[J]. Business and Management Research, 2019 (78).

[58] Joe J Amberg, Sara L McGaughey. Strategic human resource management and inertia in the corporate entrepreneurship of a multinational enterprise[J]. The International Journal of Human Resource Management, 2019, 30 (5): 759-793.

[59] John Geary, Ilona Hunek.Strategic imperatives, power and subsidiary performance: the transfer of human resource management practices in multinational companies operating in Poland's post-socialist banking industry [J]. Industrial Relations Journal, 2019, 50 (4): 362-378.

[60] Klaas Szierbowski-Seibel. Strategic human resource management and its impact on performance-do Chinese organizations adopt appropriate HRM policies? [J]. Journal of Chinese Human Resource Management, 2018, 9 (2).

[61] Liu Dawei.Inspection and reflection of strategic human resource management[J]. 学术界, 2018 (5): 250-258.

[62] Mohammad F Ahammad, Keith W Glaister, Emanuel Gomes. Strategic agility and human resource management [J]. Human Resource Management Review, 2019.

[63] Rajashi Ghosh, Brad Shuck, Denise Cumberland, et al.Building psychological capital and employee engagement: is formal mentoring a useful strategic human resource development Intervention? [J]. Performance Improvement Quarterly, 2019, 32 (1): 37-54.

[64] Rory Donnelly.Aligning knowledge sharing interventions with the promotion of firm success: the need for SHRM to balance tensions and challenges [J]. Journal of Business Research, 2019, 94 (1): 344-352.

[65] Roshni Das. Diversity management as a strategic human resource agenda: critique and roadmap [J]. Strategic HR View, 2019 (1).